天津市哲学社会科学规划项目"现代服务业高[技能人才有效供给路]径研究"（项目编号：TJJX16-002）

现代服务业高技能人才有效供给路径研究

许艳丽　著

中国财经出版传媒集团
经济科学出版社
Economic Science Press

图书在版编目（CIP）数据

现代服务业高技能人才有效供给路径研究/许艳丽著.
—北京：经济科学出版社，2019.7
ISBN 978 – 7 – 5218 – 0708 – 0

Ⅰ.①现… Ⅱ.①许… Ⅲ.①服务业 – 人才培养 – 研究 – 高等职业教育 Ⅳ.①F719

中国版本图书馆 CIP 数据核字（2019）第 143942 号

责任编辑：张立莉
责任校对：王肖楠
责任印制：邱　天

现代服务业高技能人才有效供给路径研究
许艳丽　著
经济科学出版社出版、发行　新华书店经销
社址：北京市海淀区阜成路甲 28 号　邮编：100142
总编部电话：010 – 88191217　发行部电话：010 – 88191522
网址：www.esp.com.cn
电子邮件：esp@esp.com.cn
天猫网店：经济科学出版社旗舰店
网址：http://jjkxcbs.tmall.com
北京季蜂印刷有限公司印装
710×1000　16 开　11 印张　230000 字
2019 年 7 月第 1 版　2019 年 7 月第 1 次印刷
ISBN 978 – 7 – 5218 – 0708 – 0　定价：58.00 元
（图书出现印装问题，本社负责调换。电话：010 – 88191510）
（版权所有　侵权必究　打击盗版　举报热线：010 – 88191661
QQ：2242791300　营销中心电话：010 – 88191537
电子邮箱：dbts@esp.com.cn）

前　言

人类的经济发展在经历了农业经济和工业经济之后，迎来了服务经济时代。服务经济（Service Economy）是指服务业产值在国内生产总值（GDP）中的百分比超过60%，或者服务业中的就业人数在整个国民经济就业人数中的百分比超过60%的一种经济形态。现代服务业是以现代科学技术特别是信息网络技术为主要支撑，建立在新的商业模式、服务方式和管理方法基础上的服务产业。它既包括随着技术发展而产生的新兴服务业态，又包括运用现代技术对传统服务业的改造和提升。当前，世界经济总量的2/3是服务经济，服务业已经成为许多国家的主导产业，世界主要发达国家都已经转向了服务经济，美国的服务经济走在世界前列。随着全球化、网络化的不断演进，以及信息技术的快速发展，服务业的知识化、信息化和专业化趋势不断增强，服务业从劳动密集型转向知识密集型。现代服务业逐渐占据了服务业的主导地位，已成为越来越多国家社会财富创造的主要来源，是引领未来经济发展的新动力。

20世纪70年代以来，学者们纷纷用新经济、知识经济、信息经济、网络经济、数字化经济等新术语描述现代服务业占主导的服务经济特征。服务经济占主导的社会被称为后工业社会，也称为知识社会、信息社会、网络社会和学习社会等，在文化形态上称为"后现代社会"。

大力发展现代服务业对我国经济发展具有十分重要的战略意义。习近平总书记在党的十九大报告中明确提出，要支持传统产业优化升级，加快发展现代服务业，瞄准国际标准提高水平。我国正在迅速向服务经济转型并正在进入服务经济时代的新发展阶段，预计到2030年，服务业产值占国内生产总值（GDP）的百分比约为72.84%，达到发达国家的中等水平。①

人力资本是服务经济时代的基本要素。现代服务业是推动经济增长的主要动力，现代服务业的快速发展扩大了对技术技能人才的需求，为技术技能人才供给带来了机遇。高等职业教育作为整个国民教育体系的重要组成部分，是与经济发展结合最为紧密的教育类型，承担着为国家经济社会发展培养数以亿计的高素质劳动者和技术技能人才的重要任务。高职院校是高技能人才的供给主体。2012年，国务院发布了《服务业发展"十二五"规划》明确提出，支持高等院校和职业学校开设与服务业发展相关的学科专业，强化服务业特别是现代服务业人才和复合型人才培养。2019年，《国家职业教育改革实施方案》提出，要完善职业教育体系，为服务现代服务业提供制度保障与人才支持。

服务经济和现代服务业发展为高职院校高技能人才供给带来机遇的同时也提出了新的挑战。这种挑战主要表现在以下几个方面：第一，现代服务业提供的是服务，强调服务质量和服务创新，迫切需要服务型技术技能人才。服务具有无形性、不可分离性、异质性、不可存储性和互动性等特点。服务经济产生于工业化高度发展的阶段，是依托信息技术和现代管理理念而发展起来的。传统的以工业经济为主导的高技能人才培养和供给模式难以满足现代服务业的人才需求。第二，服务经济是服务业占主导的经济形式，服务业和现代服务业是吸纳劳动力最多的产业。现代服务业是知识密集型服务业，涉及众多产业，各个行业目前均需要高素质技术技能人才，未来对高技能人才需求也将不断加大，需要高职院校加大对现代服务业高技能人才的规模供给。第三，在服务经济时代，高职院校需要转变以制造业为主体的人才供给结构，形成以现代服务业为主体的人才供给结构。第四，服务能力是现代服务业人才的核心职业能力，高职院校需要更新人才质量观念，培养以服务能力为核心的复合型劳动者，加大复合型人才和创新创业人才供给。第五，现代服务业发展呈现出"跨界融合"的新态势和新特征，产业之间相互融合，不断产生新兴服务行业和产业链。现代服务业的动态性给人才供给带来更大的不确定性，高职院校需要建立人才动

---

① 夏杰长，刘奕. 中国服务业发展报告（2016~2017）迈向服务业强国：约束条件/时序选择与实现路径［M］. 北京：经济管理出版社，2017：27.

态供给机制，满足现代服务业人才需求。

现代服务业对技术技能人才供给提出的挑战揭示了一个核心问题：职业教育体系尚未建立与现代服务业需求相匹配的人才培养和供给模式。现代服务业对人才的迫切需求与技术技能人才有效供给的矛盾突出，高职院校现代服务业人才有效供给不足。因此，在大力发展现代服务业，促进产业转型升级的战略背景下，如何有效供给社会紧缺的现代服务业技术技能人才，满足现代服务业需求，促进现代服务业发展，已经成为高等职业教育发展必须面临的理论和现实问题。

本书基于大力发展现代服务业的国家战略，立足服务经济时代亟需服务人才的现实背景，从供给侧结构性改革视角探讨高职院校现代服务业高技能人才有效供给路径。从人才规模、人才结构、人才质量和人才培养机制等维度构建了高职院校现代服务业人才有效供给的理论分析框架，系统探讨现代服务业高技能人才有效供给路径，提升高职院校服务能力，促进现代服务业发展和服务创新。

研究现代服务业技术技能人才有效供给具有理论价值。经济与教育的关系是永恒的教育研究主题，职业教育是与经济发展关系最为紧密的一类教育。从农业经济转向工业经济进而转向服务经济，经济转型和服务业快速发展引发了人才需求的新变化，现代服务业人才需求旺盛。当今，职业教育理论大多建立在工业经济的基础上，难以很好地解释服务经济时代职业教育面临的新问题，理论研究滞后于现代服务业发展，新的经济形态要求建立与之相适应的职业教育理论。提高教育创新能力，加快培养数以亿计的高素质劳动者和技术技能人才，是实现职业教育强国建设的根本任务。服务经济引发的职业教育问题正在引起学者们的关注，服务经济时代的现代服务业技术技能人才供给研究是职业教育研究的前沿领域，具有较高的理论创新价值。

研究现代服务业技术技能人才有效供给具有现实意义。进入21世纪，职业教育与产业的联系越来越密切。我国从职业教育大国迈向职业教育强国面临的最大挑战是产业转型升级带来的挑战。职业教育的根本任务是培养数以亿计的高素质劳动者和技术技能人才，人才需求变化的挑战是我国职业教育发展面临的最大挑战。在经济转型升级新时期，服务经济是我国未来经济发展的方向，发展现代服务业是新时期我国的经济发展战略。职业教育需要及时回应国家与民族发展的重大诉求，围绕国家重大发展战略，服务产业转型升级，满足人民日益增长的美好生活需要。

希望本书的出版能够为提升职业教育服务国家经济战略能力提供理论和决策支撑，推动我国的职业教育从职业教育大国走向职业教育强国。

许艳丽

2019年1月于天津大学

目 录

第一章 绪论 ······ 1
    第一节 研究背景 ······ 1
    第二节 国内外相关研究梳理及研究动态 ······ 8
    第三节 研究意义 ······ 18
    第四节 研究目标、内容和框架 ······ 19

第二章 服务经济和现代服务业发展 ······ 24
    第一节 服务、服务业与服务经济 ······ 24
    第二节 现代服务业的概念、分类与特点 ······ 34
    第三节 我国现代服务业的战略地位与未来趋势 ······ 43

第三章 现代服务业人力资源供给的理论基础 ······ 47
    第一节 经典人力资本投资理论 ······ 47
    第二节 古典服务经济理论 ······ 49
    第三节 第三产业理论 ······ 51
    第四节 后工业社会理论 ······ 53
    第五节 后现代知识理论 ······ 56
    第六节 理论启示 ······ 58

第四章 现代服务业高技能人才数量供给路径 ······ 60
    第一节 现代服务业人才规模需求新变化 ······ 60
    第二节 现代服务业高技能人才供给规模不足 ······ 70

第三节　优化现代服务业高技能人才数量供给路径 …………… 73

第五章　现代服务业高技能人才结构供给路径 ……………………… 80
　　第一节　产业结构演进趋势 …………………………………… 80
　　第二节　高职院校现代服务业高技能人才供给结构问题 …… 84
　　第三节　专业动态调整匹配现代服务业人才需求结构 ……… 93

第六章　现代服务业高技能人才核心技能供给路径 ………………… 98
　　第一节　现代服务业的知识、技术与服务密集性 …………… 98
　　第二节　现代服务业高技能人才的核心技能结构 …………… 102
　　第三节　现代服务业高技能人才核心技能培养问题 ………… 111
　　第四节　高职院校现代服务业高技能人才核心技能供给路径 …… 115

第七章　现代服务业高技能人才创业能力供给路径 ………………… 120
　　第一节　服务经济时代创业的新变化 ………………………… 120
　　第二节　现代服务业高技能人才创业能力结构 ……………… 124
　　第三节　现代服务业高技能人才创业的主要障碍 …………… 127
　　第四节　加强创业教育完善创业支持平台 …………………… 129

第八章　现代服务业高技能人才动态供给机制 ……………………… 136
　　第一节　现代服务业发展的动态性 …………………………… 136
　　第二节　构建高职院校服务现代服务业动态能力的必要性 … 140
　　第三节　高职院校服务现代服务业动态能力构建 …………… 144
　　第四节　培育高职院校组织动态能力 ………………………… 150

参考文献 ……………………………………………………………… 154
后记 …………………………………………………………………… 167

第一章

绪　论

全球发达国家已经进入服务经济时代，大力发展现代服务业是新时期我国经济发展的战略目标。现代服务业的发展亟需高技能人才，高职院校是现代服务业高技能人才的供给主体，现代服务业高技能人才有效供给路径研究是重要的研究问题。本章研究了现代服务业高技能人才有效供给路径研究的时代背景，介绍了服务业和服务经济的主要理论观点和代表性学者，梳理了现代服务业与人力资源关系的理论研究进展，明确了现代服务业高技能人才有效供给路径研究的理论意义和实践意义，并进一步确立了本书的研究目标、研究内容以及研究框架。

第一节　研究背景

自20世纪70年代开始，全球经济结构呈现出由工业经济向服务经济的重大转变，美国经济学家维克托·富克斯（Victor Fuchs）将这一变革称为服务经济，并在其著作《服务经济学》中提出了"服务经济"的概念。服务经济是从产业视角对经济发展阶段和特征的把握，是以服务业为主导的经济形态。[1] 以服务业为主要内容的服务经济在全球范围内迅速崛起，成为越来越多国家社会财富创造的主要来源和引领经济发展的主要动力。[2]

服务经济发展的同时也引发了社会变革，人类社会开始进入以服务业为

---

[1] 张祥. 转型与崛起：全球视野下的中国服务经济 [M]. 北京：社会科学文献出版社，2012：4.
[2] 周振华. 服务经济发展：中国经济大变局之趋势 [M]. 上海：格致出版社，上海三联书店，上海人民出版社，2013：5.

主导的社会,丹尼尔·贝尔(Daniel Bell)将其定义为后工业社会(Post-industrial Society)。贝尔认为,后工业社会以服务为基础,如果在工业社会可以用商品数量来衡量人们的生活水平,那么在后工业社会便可以用服务质量和舒适程度来衡量人们的生活质量。后工业社会在经济形态上的重要特征是经济部门从商品生产转向服务经济,人类依赖信息和知识,致力于发展服务业作为主要的经济来源,大多数劳动力不再从事农业生产或制造业生产,而是从事服务业,这一产业大致包括贸易、金融、交通运输、卫生、娱乐、研究、教育和政府等方面。① 也有专家学者用"知识社会"和"信息社会"等术语描述服务经济时代的社会类型。例如,加拿大学者尼科·斯特尔(Nico Stehr)在其著作《知识社会》中提出了知识社会的机制和特性正日益受到知识的驱动,知识已经成为附加价值的重要来源,知识社会的出现标志着经济结构方面发生了某种剧烈变化,由以物质投入为推动和控制的经济,转变为以知识投入为基础的经济。② 世界著名未来学家约翰·奈斯比特(John Naisbitt)认为,信息社会始于1956年的美国,进入信息社会的第一个标志是从事信息活动的人数超过从事物质生产活动的人数,并认为贝尔提出的以服务业为经济主导的后工业社会中,服务业中绝大多数的工作者是从事创造、处理和分配信息的工作。③

世界主要发达国家已经实现了由工业经济向服务经济的转变,④ 在经济形态上进入了服务经济时代,在社会形态上进入了后工业社会。可以通过计算服务业产值占GDP的百分比和服务业就业人数占就业总数的百分比两项指标来衡量服务经济水平。2000年,经济合作与发展组织(Organisation for Economic Cooperation and Development,OECD)以服务业产值占GDP的百分比超过60%,或者服务业就业人数占就业总数的百分比超过60%来判断该经济体是否进入服务经济。⑤ 数据显示,服务业发展较早的发达国家如美国、法国,1990年服务业产值占GDP的百分比就已经达到了70%;英

---

① [美]丹尼尔·贝尔. 后工业社会的来临——对社会预测的一项探索 [M]. 高铦, 译. 北京: 新华出版社, 1997: 14 – 15.
② [加]尼科·斯特尔. 知识社会 [M]. 殷晓蓉, 译. 上海: 上海译文出版社, 1997: 9 – 15.
③ 崔保国. 信息社会的理论与模式 [M]. 北京: 高等教育出版社, 1999: 60.
④ 张祥. 转型与崛起: 全球视野下的中国服务经济 [M]. 北京: 社会科学文献出版社, 2012: 206.
⑤ 周振华. 服务经济发展: 中国经济大变局之趋势 [M]. 上海: 格致出版社, 上海三联书店, 上海人民出版社, 2013: 45.

国、德国、意大利等发达国家在 2004 年服务业产值占 GDP 的百分比也均超过 70%。① 作为第一个服务经济国家的美国，2014 年服务业产值占 GDP 的百分比高达 78%，为国家发展创造了大量的社会财富。② 在服务业就业方面，2000～2015 年，美国、英国、德国、日本、法国、意大利、加拿大七个国家的服务业就业人数占全社会就业人数的百分比在不断上升；2015 年美国服务业就业人数占比高达 79.9%。③ 同时，服务业的专业化、知识化、信息化特征与趋势不断增强，知识密集型服务业已经成为发达国家经济增长的主力军。

中国正在进入服务经济时代。服务业成为经济增长的主要驱动力，第三产业消费需求逐步成为消费需求主体。④ 数据显示，2015 年中国服务业产值占 GDP 的百分比达到了 50.5%，首次超过第一产业与第二产业产值之和，⑤ 服务业开始在中国经济结构中占据主导地位。最新数据表明，2018年，国内生产总值同比增长 6.6%，首次突破 90 万亿元人民币。其中，第三产业产值占 GDP 的百分比达到了 52.2%，服务业作为经济增长的主动力作用进一步巩固。⑥ 同时，我国服务业就业比值大幅上升。2012～2016 年，第三产业就业人数累计增加 6067 万人，第三产业就业人数占比从 36.1% 升至 43.5%，成为吸纳就业最多的产业。⑦ 2017 年末，我国就业人数为 77640万人，其中第三产业就业人数占比达 44.9%。⑧ 标志着中国经济产业结构从工业主导向服务业主导的转变已基本实现。一些发达地区特别是大城市已经进入服务经济阶段。统计显示，2017 年，北京、上海、天津和重庆四个直辖市的第三产业产值占 GDP 的百分比分别为 80.6%、69.0%、

---

① 贺景霖. 现代服务业发展研究 [M]. 武汉：湖北科学技术出版社，2017：9.
② The World Bank. World Development Indicators [R]. 2015.
③ 国家统计局. 国际统计年鉴（2017）[M].（2018-09-30）[2019-04-26]. http://data.stats.gov.cn/files/lastestpub/gjnj/2017/indexch.htm.
④ 习近平. 谋求持久发展共筑亚太梦想——在亚太经合组织工商领导人峰会开幕式上的演讲 [EB/OL].（2014-11-10）[2018-07-03]. http://politics.people.com.cn/n/2014/1110/c1024-26000531.html.
⑤ 国家统计局. 中华人民共和国 2015 年国民经济和社会发展统计公报 [R]. 2016-02-29.
⑥ 国家统计局. 中华人民共和国 2018 年国民经济和社会发展统计公报 [R]. 2019-02-28.
⑦ 郭同欣. 改革创新促进了我国就业持续扩大 [N]. 人民日报，2017-03-29（11）.
⑧ 人力资源社会保障部. 2017 年度人力资源和社会保障事业发展统计公报 [R]. 2018-05-21.

58.0%和49.0%。①②③④ 预计到2030年,我国服务业产值占GDP的百分比约为72.84%,服务业就业人数占比约为55.59%,达到中等发达国家水平。⑤

现代服务业已经成为我国经济和社会发展的新动力。现代服务业是指在工业化比较发达的阶段产生的,主要依托信息技术和现代管理发展起来的信息和知识相对密集的服务业。现代服务业是中国本土的特有概念,《现代服务业科技发展"十二五"专项规划》将现代服务业界定为:现代服务业是以现代科学技术特别是信息网络技术为主要支撑,建立在新的商业模式、服务方式和管理方法基础上的服务产业。它既包括随着技术发展而产生的新兴服务业态,又包括运用现代技术对传统服务业的改造和提升。⑥ 美国学者倾向于使用"知识型服务业"(Knowledge-based Service Industry)来描述现代服务业,强调现代服务业是以技术服务为特征的知识服务;欧洲学者倾向于使用"知识密集型服务业"(Knowledge-intensive Business Service, KIBS)来定义现代服务业,认为现代服务业最主要的特征是以知识为基础,研发高度密集和高知识附加值。

服务业发展的专业化、知识化、信息化特征与趋势不断增强,知识密集型服务业已经成为服务增长的主力军。⑦ 在中国,现代服务业已经成为产业转型升级的新供给和新动力。最新数据显示,2017年,我国信息传输、软件和信息技术服务业,科学研究和技术服务业,租赁和商务服务业等典型现代服务业的产值比上年增长15.8%,高于服务业产值增速7.8个百分点,拉动服务业增长2.3个百分点。规模以上现代服务业企业中的战略性新兴服务业和高技术服务业的营业收入同比增长17.3%和13.2%,较上年

---

① 北京市统计局. 北京市2017年国民经济和社会发展统计公报 [DB/OL]. (2018-02-01) [2018-08-18]. http://www.bjstats.gov.cn/tjsj/tjgb/ndgb/201803/P020180302397365111421.pdf.
② 上海市统计局. 2017年上海市国民经济和社会发展统计公报 [DB/OL]. (2018-03-08) [2018-08-18]. http://www.stats-sh.gov.cn/html/sjfb/201803/1001690.html.
③ 天津市统计局. 2017年天津市国民经济和社会发展统计公报 [DB/OL]. (2018-03-11) [2018-08-18]. http://stats.tj.gov.cn/Item/27643.aspx.
④ 重庆市统计局. 2017年重庆市国民经济和社会发展统计公报 [DB/OL]. (2018-03-17) [2018-08-18]. http://www.cqtj.gov.cn/tjsj/shuju/tjgb/201803/t20180316_447954.htm.
⑤ 夏杰长,刘奕. 中国服务业发展报告(2016~2017)迈向服务业强国:约束条件/时序选择与实现路径 [M]. 北京:经济管理出版社,2017:27-28.
⑥ 国家科技部. 现代服务业科技发展"十二五"专项规划 [Z]. 2012-02-22.
⑦ 张祥. 转型与崛起:全球视野下的中国服务经济 [M]. 北京:社会科学文献出版社,2012:85.

加快 2.2 个和 2.8 个百分点。①

发展现代服务业是新时期我国经济发展的战略目标。我国政府十分重视现代服务业的发展，制定了一系列促进服务业发展的政策措施。党的十五大报告在描述社会主义初级阶段时首次提出了现代服务业的概念，指出社会主义初级阶段，是由农业人口占很大比值、主要依靠手工劳动的农业国，逐步转变为非农业人口占多数、包含现代农业和现代服务业的工业化国家的历史阶段。② 随后，现代服务业发展逐渐受到重视，先后出台了一系列促进服务业发展的政策措施。2015 年 11 月 3 日发布的《中共中央关于制定国民经济和社会发展第十三个五年规划的建议》指出，要加快发展现代服务业，放宽市场准入，促进服务业优质高效发展。2017 年 10 月 18 日，习近平总书记在党的十九大报告中明确提出，要"支持传统产业优化升级，加快发展现代服务业，瞄准国际标准提高水平。"③ 推进服务业规模扩张，提升服务业发展层级，增强服务业竞争力，必将成为我国未来经济工作的重点任务，现代服务业在产业结构调整的作用以及在服务业中的特殊地位，④ 决定了现代服务业是我国经济发展的重中之重，发展现代服务业是我国经济发展的战略任务，是满足人民日益增长的美好生活需要的重要途径。

现代服务业主要受人力资本要素约束，服务经济是以人力资本的基本生产要素形成的经济结构、增长方式和社会形态。高技能人才是现代服务业发展的重要力量，研究表明，现代服务业的发展依赖于高素质的服务业人才，⑤ 服务经济发展对高技能劳动力需求逐渐增加。⑥ 职业教育是现代服务业高技能人才的供给途径。《国家中长期教育改革和发展规划纲要（2010～2020 年）》明确提出，发展职业教育是推动经济发展、促进就业、改善民生的重要途径，是缓解劳动力供求结构矛盾的关键环节，必须摆在更加突出的位置。到 2020 年，要形成适应经济发展方式转变和产业结构调

---

① 国家统计局．许剑毅：2017 年服务业稳定较快增长质量效益提升［DB/OL］．(2018-01-19)[2018-09-05]．http://www.stats.gov.cn/tjsj/sjjd/201801/t20180119_1575485.html．
② 江泽民．中国共产党第十五次全国代表大会报告［R］．1997-09-12．
③ 习近平．中国共产党第十九次全国代表大会报告［R］．2017-10-18．
④ 宣烨．基于创新驱动的我国高端服务业国际竞争力提升研究［M］．北京：中国经济出版社，2016：52．
⑤ 张祥．转型与崛起：全球视野下的中国服务经济［M］．北京：社会科学文献出版社，2012：193．
⑥ 周振华．服务经济发展：中国经济大变局之趋势［M］．上海：格致出版社，上海三联书店，上海人民出版社，2013：67．

整要求的现代职业教育体系，满足人民群众接受职业教育的需求，满足经济社会对高素质劳动者和技能型人才的需要。①

现代服务业的发展对高技能人才的巨大需求为职业教育发展带来了机遇。《中国教育现代化2035》明确提出，职业教育的发展目标是促进服务能力的显著提升。②紧密围绕国家重大战略部署，及时跟进，提供精准支撑是中国职业教育发展的重要原则和成功经验，推进职业教育强国建设要把提高服务能力作为重要的着眼点。③ 2014年6月22日，《国务院关于加快发展现代职业教育的决定》指出，要调整完善职业院校区域布局，科学合理设置专业，健全专业随产业发展动态调整的机制，重点提升面向现代服务业等领域的人才培养能力。④《现代职业教育体系建设规划（2014～2020年）》强调要根据服务业加快发展的趋势，逐步提高面向服务业的职业教育比例，重点加强服务金融、物流、商务、医疗、健康和高技术服务等现代服务业的职业教育，培养具有较高文化素质和技术技能素质的新型服务人才。⑤教育部印发的《高等职业教育创新发展行动计划（2015～2018年）》指出，要加强现代服务业亟须人才培养，加快满足社会建设和社会管理人才需求。⑥现代服务业作为国家经济发展战略，其发展为提升职业教育服务经济战略能力提供了机遇，有利于职业教育积极提高应对服务经济的服务能力，促进职业教育和现代服务业的协调发展。

现代服务业发展引发的高技能人才需求变化对职业教育发展提出了挑战。迈向职业教育强国面临的最大挑战是产业转型升级带来的挑战。⑦发展现代服务业是产业转型升级的重要方向，其对技术技能型劳动者的素质和能力提出了新的要求，对高职院校高技能人才培养和供给带来了挑战。

第一，从产业转型趋势来看，服务业和现代服务业提供的是服务，强调服务质量和服务创新，迫切需要服务型技术技能人才，传统职业教育人才培养模式难以适应现代服务业的发展需求。传统的职业教育理论建立在

---

① 教育部. 国家中长期教育改革和发展规划纲要（2010～2020年）[Z]. 2019-07-29.
② 中共中央，国务院. 中国教育现代化2035 [Z]. 2019-02-23.
③⑦ 中国职业技术教育学会课题组. 从职教大国迈向职教强国——中国职业教育2030研究报告 [J]. 职业技术教育，2016, 37 (6): 10-30.
④ 国务院. 国务院关于加快发展现代职业教育的决定 [Z]. 2014-06-22.
⑤ 教育部等六部门. 现代职业教育体系建设规划（2014～2020年）的通知 [Z]. 2014-06-24.
⑥ 教育部. 高等职业教育创新发展行动计划（2015～2018年）[Z]. 2015-10-21.

工业生产的基础上，① 职业教育实践倚重工业，主流思想和理论以制造业为基础。在我国工业经济向服务经济转型的过程中，由于服务具有无形性、同时性、不可存储性、顾客参与性和异质性等特点，基于工业社会的传统职业教育人才培养模式不能适应服务社会发展的需求，工业经济下基于产品的人才供给模式不能适应服务经济下基于服务的人才供给模式，这就使得探索适应服务业特征的职业教育的人才供给模式成为十分迫切的任务。

第二，从现代服务业体现的产业升级趋势来看，现有职业教育人才供给与现代服务业需求之间还存在较大差距，人才供给数量、人才供给结构、人才供给质量、人才供给机制等明显滞后于现代服务业的发展需求。现代服务业是在新的科学技术、商业模式、服务方式和管理方法的基础上发展的新型服务产业，其就业扩张性，结构复杂性，知识、技术与服务密集性，创新性，动态性等特征，产生了不同于传统服务业的人才需求。这种人才需求的特殊性要求职业教育探索新的、适应于现代服务业发展的人才供给模式。

第三，与发达国家从工业到服务业再到现代服务业的经济发展历程不同，我国服务业发展呈现跨越式的发展特征，即整体上处于从工业向服务业的转型阶段，但同时随着互联网、人工智能、信息技术等最新技术的快速发展与应用，促进了传统服务业加速向现代服务业转型升级。这种跨越性要求职业教育具有适度的超前性，既要满足于当前的服务业人才需求，又要着眼于未来人才的需求趋势。

高技能人才的供需问题将现代服务业与职业教育连接起来，职业教育的高技能人才供给促进了现代服务业的发展，现代服务业的高技能人才需求带动了职业教育的发展，而实现协调发展的基础是高技能人才需求与供给的匹配。因此，职业教育应提高服务国家经济发展战略的能力。职业教育作为整个国民教育体系的重要组成部分，是与经济发展结合最为紧密的教育类型，承担着为国家经济社会发展提供高素质劳动者和技术技能人才的重要任务，这一本质属性决定了合理的职业教育供给体系对于解决经济

---

① 徐国庆. 服务性职业与生产性职业的职业教育差异研究［J］. 职业技术教育，2001，22（13）：12–15.

社会发展和产业转型升级的技术技能型人才需求问题起着非常重要的作用。因此，从供给侧结构性改革视角研究现代服务业高技能人才供给问题，探索和创新满足现代服务业需求的职业教育服务业人才供给路径，既有利于把握现代服务业发展为职业教育带来的机遇，提高职业教育服务国家经济战略的能力，又有利于应对现代服务业发展过程中产业转型升级对职业教育发展带来的重大挑战，对服务经济时代的职业教育发展具有重要的理论和现实意义。

第二节　国内外相关研究梳理及研究动态

一、服务业和服务经济研究

服务经济是经济学研究的重要领域，经济学家对服务业和服务经济进行了深入研究与探讨，提出了经典理论体系，奠定了研究基础。服务业作为一个完整概念被提出并进行系统的理论研究，以及服务业作为一个产业在整体上迅猛发展，是在20世纪初才发生的。[①] 20世纪30年代的研究成果以"三次产业发展阶段理论"和"克拉克定理"为代表；对服务业和服务经济的第二次研究高潮出现在20世纪60年代，这一阶段的研究成果以"服务经济"和"后工业化社会"为代表，并获得学术界的广泛认可，服务业和服务经济研究趋向成熟；20世纪90年代，知识密集型服务业发展崛起，成为最具成长性和发展空间的新型服务业，知识密集型服务业研究也成为服务业和服务经济研究关注的重要方向。

1935年，英国经济学家罗纳德·费希尔（Ronald Fisher）在《进步与安全的冲突》一书中首次提出了"第三产业"的概念及"三次产业发展阶段理论"，并将其应用于国民经济产业结构的划分中，从而形成了三次产业的分类法，指出人类经济将会经历分别以第一产业、第二产业和第三产业为主的三个发展阶段。费希尔认为，第三产业是满足人类除物质需要以外

[①] 钟若愚. 走向现代服务业 [M]. 上海：上海三联书店，2006：3.

的更高级的需要。三次产业划分获得了广泛认可,此后,学者们加强了对第三产业的研究和关注。

1940年,英国经济学家柯林·克拉克(Colin Clank)在其著作《经济进步的条件》中,主张以"服务性产业"来代替费希尔的"第三产业",认为第三产业是部分经济活动组成的一个部门,服务业只是其中的一个子集,并提出了著名的"克拉克定理"。该理论认为,随着经济的发展,劳动人口由农业转移到制造业,再从制造业转移到商业和服务业。越是发达国家,人均国民收入越高,产业结构中的农业所占的份额越少,制造业和服务业所占份额越高。[①] 克拉克定理作为有关产业结构变动与经济发展关系的经典定理,可以从一个国家的经济发展历程中得到证实,也可以从同一时期内处于不同发展水平国家的经济和产业现状中得到印证。从"第三产业"概念转向"服务业"概念是一个渐进的过程,第三产业是指除农业和工业以外的所有经济活动的集合体。在1965~1975年,由于服务业的重要性不断提高,在未来社会中的地位逐渐显现,使人们开始重视服务业研究。

1968年,美国经济学家富克斯在《服务经济学》中率先提出了"服务经济"这一新概念,并将全球经济经历的这场结构性变革称之为"服务经济"。富克斯对战后美国从工业经济过渡到服务经济进程中的四个方面进行了分析:第一,服务就业人数的增长情况。第二,服务业就业人数增长的原因,特别注意到服务业增长缓慢的原因。第三,各服务行业之间在生产率变化方面的差异。第四,比较了服务业同其他产业在工资、商业周期特点、行业组织和劳动力特征等方面的异同。富克斯通过分析指出,服务经济在西方发达国家已经开始出现,而且美国已经首先进入了服务经济社会。[②] 富克斯认为,工业经济向服务经济的变革是与"工业革命"等量齐观的一场巨大变革。

1973年,丹尼尔·贝尔在《后工业社会的来临——对社会预测的一项探索》一书中,以美国社会为蓝本对工业经济发展之后的社会经济态势作了前瞻性和系统性的预测,提出了以服务为主的"后工业社会"假说。贝

[①] [法]让·克洛德·德劳内,让·盖雷. 服务经济思想史——三个世纪的争论[M]. 江小涓,译. 上海:格致出版社,上海人民出版社,2011:54-55.
[②] [美]维克托·R. 富克斯. 服务经济学[M]. 许微云,万慧芬,孙光德,译. 北京:商务印书馆,1987:9.

尔指出，后工业社会体现在五个方面：第一，经济方面，从产品经济转变为服务经济。第二，职业分布，专业与技术人员阶层处于主导地位。第三，中轴原理，理论知识处于中心地位，是社会革新与制定政策的源泉。以计算机为主要工具的"智能技术"是其基础。第四，未来方向，控制技术发展，对技术进行鉴定。第五，制定决策，价值体系和社会控制形式的变化，从经济模式转向社会模式。在后工业社会，人与人之间的关系将比工业社会重要得多，后工业社会的一个基本事实是人与人的对话，而不是人与机器的互动。[1] 贝尔的"后工业理论"是对服务经济研究的升华，不仅从经济方面研究了工业经济向服务经济的转变，还研究了与经济密切相关的职业、技术、政策等社会问题。

1989年，彼得·德鲁克（Peter Drucker）在《新现实》一书中指出，发达国家最大的转变是向知识社会的转变。德鲁克认为，向知识和教育作为最好职位及谋生机会保证的这种转变，意味着从商业社会向后商业社会的转变。[2] 德鲁克的知识社会理论是对贝尔后工业社会理论的拓展。在工业化社会，人类用能源代替体力，依靠技术和机器从事大规模的商品生产；而进入后工业化社会后，人们依赖于信息和知识，致力于发展服务业。知识社会和后工业社会的概念并没有具体的区分，知识社会的概念强调了后工业社会以理论知识作为社会发展中轴的特征。

1995年，伊恩·迈尔斯（Ian Miles）首次提出了知识密集型服务业的概念，认为知识密集型服务业是指那些显著依赖专业性知识，向社会和用户提供以知识为基础的中间产品或者服务的公司和组织，它在以知识为基础的知识社会中扮演着关键角色。[3] 迈尔斯还对知识密集型服务业进行了分类，认为面向新技术使用者的专业服务和以新技术为基础的知识密集型服务业是两类主要的知识密集型服务业。[4] 自迈尔斯提出知识密集型服务业的概念之后，经济学家开始关注知识密集型服务业，认为知识密集型服务业

---

[1] ［美］丹尼尔·贝尔. 后工业社会的来临——对社会预测的一项探索［M］. 高铦, 译. 北京：新华出版社，1997：179.

[2] ［美］彼得·德鲁克. 新现实［M］. 张星岩, 杨光, 荣小民, 等, 译. 上海：生活·读书·新知三联出版社，1991：141.

[3] Miles I, Kastrinos N, Flanagan K, et al. Knowledge-Intensive Business Services：Users, Carriers and Sources of Innovation［R］. 1995.

[4] 魏江, 马克·鲍登. 知识密集型服务业与创新［M］. 北京：科学出版社，2004：5.

是服务经济时代最具发展空间的产业。知识密集型服务业作为服务业的新发展，受到越来越多学者的关注和研究。

二、现代服务业与人力资源关系研究

服务主要是靠人力提供的，服务的提供者和接受者都是以具体的人为对象，提高服务的品质，是提高服务业人力资源综合素质的一个过程。[①] 1977 年，赫尔（Hill）提出服务是指由其他经济单位的活动所引发的人或物的变化。[②] 2004 年，瓦戈（Vargo）和勒斯克（Lusch）定义了服务的本质概念，即通过应用自身的能力使另一方获益。[③] 2010 年，德国学者贝恩德斯·特劳斯（Bernd Stauss）等人在《服务科学：基础、挑战和未来发展》一书中，将服务定义为应用自身的能力为他人创造利益，[④] 具有无形性、生产与消费过程的同步性、易逝性、异质性和顾客互动性等特征。[⑤] 学者们已经认识到服务业作为一种产业类型，是一种生产行为，服务的独特性质决定了服务经济对人力资源的高依赖性，[⑥] 并对服务经济与人力资源的关系进行了专门论述。

（一）服务业人力资源的知识性特征研究

1. 服务业人力资源受教育程度研究。

1998 年，美国服务管理研究者詹姆斯·菲茨西蒙斯（James Fitzsimmons）和莫娜·菲茨西蒙斯（Mona Fitzsimmons）在合著的《服务管理：运作、战略与信息技术》一书指出，高等教育是进入后工业化社会的条件，这种社会要求其成员具有职业的技术技能。[⑦] 后工业社会发展的特征要求服

[①] [日] 畠山芳雄. 服务的品质 [M]. 包永花，方木森，译. 北京：东方出版社，2004：3.
[②] Hill T P. On Goods and Services [J]. Review of Income and Wealth, 1977, 23 (4): 315-338.
[③] Vargo S L, Lusch R F. Evolving to a New Dominant Logic for Marketing [J]. Journal of Marketing, 2004, 68 (1): 1-17.
[④] [德] Bernd Stauss, Kai Engelmann, Anja Kremer, Achim Luhn. 服务科学：基础、挑战和未来发展 [M]. 吴健，李莹，邓水光，译. 杭州：浙江大学出版社，2010：16.
[⑤] 周振华. 服务经济发展：中国经济大变局之趋势 [M]. 上海：格致出版社，上海三联书店，上海人民出版社，2013：26-27.
[⑥] 王瑞萍，楼旭明. 基于顾客导向的知识密集服务业价值链模型及对策 [J]. 企业经济，2015 (7)：54-58.
[⑦] [美] 詹姆斯·A. 菲茨西蒙斯，莫娜·J. 菲茨西蒙斯. 服务管理：运作、战略与信息技术 [M]. 张金成，范秀成，等，译. 北京：机械工业出版社，2000：6.

务业人力资源接受高等教育，具备较高的受教育程度。2011年，中国学者张祥在《转型与崛起：全球视野下的中国服务经济》中指出，人力资源对服务业发展的重要性更加凸显。服务业内部结构升级趋势体现为服务业从劳动密集型转向知识密集型，知识、技术含量高的现代服务业逐渐占据了服务业的主导地位，从产业的投入要素看，农业主要受自然资源要素的约束，制造业主要受物质资本要素的约束，传统服务业主要受劳动力要素的约束，现代服务业从业人员具有整体上的高学历、高职称、高薪水的特征，现代服务业主要受人力资源要素的约束。[①] 受教育程度较高的人力资源被认为是现代服务业发展的重要因素。

2. 服务业人力资源专业技能研究。

1973年，丹尼尔·贝尔在《后工业社会的来临——对社会预测的一项探索》中论述了后工业社会与人力资源的基本关系，主要包括三个观点：第一，从产品生产经济转变为服务性经济，大多数劳动力不再从事农业或制造业的生产活动，而转向贸易、金融、运输、保健、娱乐、研究、教育和管理等服务工作。第二，在劳动力群体中，专业技术人员阶层处于主导地位，特别是科学家和工程师成为后工业社会的关键性群体。第三，知识凸显出前所未有的重要性，在社会活动中处于中心地位，成为社会革新与制定政策的源泉。[②] 服务业成为后工业社会经济发展的主要类型，专业技术人才成为后工业社会的关键群体，知识成为后工业社会的发展源泉，要求服务业的人力资源具备服务相关的专业技能。

彼得·德鲁克认为，知识已经成为发达经济的资本，知识工人通过确定社会价值和规范，影响人们对知识的理解，以及学习和教授知识的方式。德鲁克认为，越来越多的知识工人面临新的职业选择，会计、护士以及推销员等服务业领域的劳动者会有两次甚至多次职业生涯。[③] 服务业人力资源应该具备专业技能，进而实现职业的可持续发展。

徐国庆指出，随着我国经济的发展，产业结构的变化，服务业在整个国民经济中所占的比值越来越高，就业于服务业的劳动者也越来越多。与

---

① 张祥. 转型与崛起：全球视野下的中国服务经济 [M]. 北京：社会科学文献出版社，2012：87.
② [美] 丹尼尔·贝尔. 后工业社会的来临——对社会预测的一项探索 [M]. 高铦，译. 北京：新华出版社，1997：14，18，21.
③ [美] 彼得·德鲁克. 新现实 [M]. 张星岩，杨光，荣小民，等，译. 上海：生活·读书·新知三联出版社，1991：136，140-141.

这一趋势相适应，服务性的职业教育在我国整个职业教育体系中所占的比值也将越来越大，正在成为职业教育发展的重点。基于服务劳动特点，职业教育课程需要从职业意识、职业能力、人际关系三个方面体现服务性职业的特殊性。[①] 该研究从服务性职业的特殊性剖析了服务业人力资源的专业技能，认为服务业人力资源应具备的专业技能与服务性职业的特性相关，通常需要包括职业意识、职业能力以及人际关系等方面的技能。

叶红认为，服务企业正发生着以劳动密集型为主向以知识密集型为主的转变，知识型员工成为酒店的主要资源，知识型员工的创造力是酒店利润的源泉。[②] 该研究中的知识型员工与德鲁克提出的"知识工人"概念相近，认为现代服务业人力资源应是知识型员工，应同时具备专业技能和专业知识，随着服务业向知识密集型的转变，知识型员工将成为现代服务业企业的发展资源。

2013 年，周振华在《服务经济发展：中国经济大变局之趋势》中指出，在服务领域，由于服务生产与消费同步性、"面对面"的交互性等特殊属性，人力资源投入是重要的供给要素。人力资源集中体现为运用智力、技能和专长生产服务产品和创造有形与无形资产的能力，发挥着引领性和主导性的重要作用。[③] 这一研究观点拓展了对服务业人力资源专业技能的理解，服务业人力资源的专业技能需要智力支持，并且能够基于这种专业技能产生服务能力和创造服务的能力。

2015 年，焦青霞等学者指出，现代服务业中的知识密集型服务业、新兴服务业以及高技术服务业对技术含量、创新水平和人力资源的要求更高，要求现代服务业人才必须接受良好的教育或培训，在某一方面具备一定的专业知识或特长，人力资源的知识性和专用性特色较为明显。[④][⑤] 现代服务业人力资源的知识性和专用性观点，进一步支持了现代服务业人力资源的专业技能应是在专业知识支持下的专业技能。

[①] 徐国庆. 服务性职业与生产性职业的职业教育差异研究 [J]. 职业技术教育, 2001, 22 (13)：12-15.
[②] 叶红. 服务经济时代酒店知识型员工的管理 [J]. 商业经济与管理, 2002 (8)：56-58.
[③] 周振华. 服务经济发展：中国经济大变局之趋势 [M]. 上海：格致出版社, 上海三联书店, 上海人民出版社, 2013：66.
[④] 焦青霞. 新兴服务业发展与区域经济增长 [M]. 北京：经济管理出版社, 2015：38.
[⑤] 高中理, 蒋晓舰, 陈海晓. 国际服务外包 [M]. 北京：清华大学出版社, 2015：84.

2017年，林海涛和汪沛沛根据专业服务业人才特征，选择了执业医师、执业律师、执业注册会计师和专任高校教师四大职业人才数为研究变量，通过计算专业服务业人才的供应水平、速度，测算专业服务业人才的总体经济贡献率、边际经济贡献率，对专业服务业人才供应与经济贡献情况进行评价，旨在探讨专业服务业人才供应与经济贡献之间的存量与增量关系。① 该研究虽然没有对服务业人力资源的专业技能进行专门研究，但其研究起点将服务业的人力资源视为专业人才，进一步肯定了服务业人力资源需要具备专业技能。

3. 服务业人力资源创新创业能力研究。

现代服务业是创新创业集聚的产业。文化创意产业是现代服务业发展的新增长点。2005 年，澳大利亚学者约翰·哈利特（John Hartley）在《创意产业读本》一书中指出，创意产业是一个高度技能化和流动性的职业，需要有创意的劳动者。创意的来源是人才，然而创意人才正变成国际稀缺资源。教育是创意产业的一大生力军，既直接地生产创意人员和创业产品与服务，又间接地为很多人提供就业机会，所以对创意人才的培育是创意产业发展的重中之重。②

2010 年，英国学者克里斯·毕尔顿（Chirs Bilton）在《创意与管理：从创意产业到创意管理》一书中指出，创意经济的特点更适合受过教育的少数人创立自己的企业。③ 创意产业之中的创意总是与个人性格、人际关系和自我表达紧密相关，并且创意个体差异是在高等教育或职业教育阶段才开始显露。文化创意产业作为现代服务业的一种类型，其人才需要具备创新创业的能力。

2017 年，杨明和陈少志以数字出版人才培养为研究对象，指出我国文化传媒对人才创意能力、创新能力以及创业能力的培养亟待加强。针对数字出版人才创意能力教学的薄弱环节，提出引入创客教育的理念与学习方

---

① 林海涛，汪沛沛. 专业服务业人才供应与经济贡献的省域评价［J］. 系统工程，2017，35（9）：87－93.

② ［澳］约翰·哈利特. 创意产业读本［M］. 曹书乐，包建女，李慧，译. 北京：清华大学出版社，2007：15－20.

③ ［英］克里斯·毕尔顿. 创意与管理：从创意产业到创意管理［M］. 北京：新世界出版社，2010：8.

式，围绕数字出版传媒人才的创意能力提升为教学目标开展新探索。①

(二) 服务业人力资源的非知识性特征研究

服务业人力资源研究不仅强调智力和知识性因素，由于服务业强调人与人之间的服务关系，人力资源的非知识性因素也开始受到研究者的关注。

1. 服务业人力资源的个性化服务特征。

2012年，谢文明等人在《服务型制造与传统制造的差异及新问题研究》中明确指出，现代服务业对人才的要求依赖于服务经济和顾客的互动，要求专业人才了解顾客，通过顾客与企业之间双向交互活动，为顾客提供个性化服务。② 研究认为，现代服务业的人力资源需要具备为顾客提供个性化服务的能力。

2015年，李元爱以现代物流服务业为例，指出服务是物流企业的核心，应该尽力满足顾客的个性化、多样化的需求，提供不同于竞争对手的差异化服务，这就需要采取物流增值服务的策略，在物流服务对象上进行突破，在物流专业人才培养上进行创新，通过服务创新来满足客户的不同需求。③ 研究在强调了个性化服务能力对现代服务业人力资源的重要性的同时，提出需要创新现代服务业人才培养模式以培养具备个性化服务能力的人才，促进现代服务业企业的发展。

2018年，杨艳晖以图书馆服务为例，以城市化背景下的区县级图书馆在公共文化服务中的担当和使命为切入点，从基础设施建设、管理机制探索、人才队伍培养、阅读推广服务、特色创新体系构建等方面，分析了区县级图书馆个性化精准化服务的实施策略。④ 研究进一步支持了现代服务业提供个性化服务的重要性，并以人才培养作为研究内容，探索了人才培养对现代服务业提供个性化服务的重要性，具备个性化服务能力的人力资源是支持现代服务业提供个性化服务的基础。

---

① 杨明，陈少志. 构建数字出版人才创意能力培养新体系——基于创客教育理念 [J]. 中国编辑，2017 (11): 36-42.
② 谢文明，江志斌，王康周，等. 服务型制造与传统制造的差异及新问题研究 [J]. 中国科技论坛，2012 (9): 59-65.
③ 李元爱. 我国第三方物流企业服务创新研究 [J]. 现代商贸工业，2015 (25): 1-4.
④ 杨艳晖. 城市化背景下区县级图书馆个性化与精准化服务研究——以杭州市江干区图书馆为例 [J]. 山西档案，2018 (3): 96-98.

2. 服务业人力资源的关怀性服务特征。

已有研究认为,现代服务业人才应具备关怀性服务特征,应关注对现代服务业人才顾客关怀服务品质的培养。阿尔布雷希特（Albrecht）和策姆克（Zemke）发现,服务的人性价值以及对人的关怀,在企业中开始广为流行。① 随着服务经济的发展,服务更加强调对顾客的关怀。2010 年,丹·希尔（Dan Hill）认为,顾客关怀是以情绪为基础的服务品质,在服务过程中任何事情都无法代替顾客关怀。② 进一步肯定了顾客关怀是现代服务业人力资源应具备的服务品质。夏杰长等在《迎接服务经济时代来临：中国服务业发展趋势、动力与路径研究》一书中指出,由于服务具有消费和生产的同步性,要求服务业人才除了具有先进服务技能,还必须要有人文关怀。③ 国内外研究都肯定了服务业人力资源应具备关怀性的服务特征,但对如何培养人力资源的关怀性服务特征还未开展专门研究。

三、总结性评述

国内外学者关于服务业与服务经济的理论探讨,以及现代服务业与人力资源关系的研究成果,为本书探索现代服务业高技能人才有效供给路径奠定了坚实基础。

第一,服务业与服务经济是经济理论中的特殊领域,已基本形成了较为完善的服务经济理论体系。其中,费希尔的三次产业发展阶段理论与克拉克提出的克拉克定理是服务经济研究的基础,富克斯的服务经济理论与贝尔的后工业社会理论是服务经济研究的深化。根据已有研究趋势来看,未来的服务经济研究将以现代服务业作为重点研究对象。

第二,已有研究明确了现代服务业对人力资源的高度依赖性。现代服务业作为一种产业类型,服务者既要通过应用自身的能力使被服务者获益,又要通过服务能力体现自身价值来获得回报。因此,可以认为,人力资源

---

① ［美］卡尔·阿尔布瑞契特,让·詹姆克. 服务经济：让顾客价值回到企业舞台中心［M］. 北京：中国社会科学出版社,2004：44.
② ［英］丹·希尔. 情绪经济学［M］. 黎欢,钟和,译. 北京：中央广播电视大学出版社,2010：150.
③ 夏杰长,刘勇坚,刘奕,等. 迎接服务经济时代来临：中国服务业发展趋势、动力与路径研究［M］. 北京：经济管理出版社,2010：218.

是现代服务业重要的生产要素，现代服务业的发展对人力资源存在着高度的依赖性。

通过梳理已有研究发现，仍有值得进一步探讨和深入分析的空间。

第一，现代服务业技能型人力资源的专门研究仍比较薄弱。通过梳理已有研究文献发现，已有学者探讨过服务经济、现代服务业与人力资源的关系，但这些研究都相对零散，专门探讨现代服务业人力资源的学术巨匠不多，专著成果较少，亟须增加有关现代服务业技能型人力资源的专门研究。

第二，已有研究明确了现代服务业与人力资源的高度相倚性，但现代服务业与人力资源的相互作用机制尚不清晰。现代服务业领域的人力资本异质性提高，其所提供的服务更加多样化和专业化，现代服务业产业的复杂性给人才供给理论探索带来一定的难度。现代服务业对技能型人力资源的影响机制成为亟须研究的问题。

第三，已有研究开始关注和重视服务业高技能人才供给问题，但还没有引起学术界的高度重视。全球性的服务经济时代已经来临，主要出现在发达国家，服务经济理论研究发展较早，相对成熟。我国正在进入服务经济时代，但我国是制造业大国，长期以来重制造轻服务，对服务业在经济社会发展中的战略地位还缺乏认识。随着我国供给侧结构性改革的不断深化，互联网、大数据、人工智能与现代服务业深度融合，现代服务业人力资源需求势必发生新变化，现代服务业技术技能人才供给是我国职业教育改革亟待破解的难题，现代服务业人才供给将是未来研究的重要主题。

第四，作为现代服务业人力资源的一种类型，现代服务业高技能人才供给的理论研究相对滞后。现代服务业是面向未来的新产业，在技能偏好型技术进步的条件下，服务领域的人力资源异质性程度提高，人力资源需求具有动态性。迫切需要高职院校提高教育创新能力，建立更加有效与现代服务业协调发展的人才动态供给新机制，加快培养数以亿计的高素质劳动者和技术技能人才，实现职业教育强国建设的根本任务。因此，现代服务业的高技能人才的供给问题十分紧迫，迫切需要新的理论来解释现代服务业人力资源供给出现的新问题。

第三节 研究意义

一、理论意义

现代服务业高技能人才供给研究具有重要的理论价值。经济与教育的关系是永恒的教育研究主题，职业教育是与经济发展关系最为紧密的一类教育。从农业经济转向工业经济进而转向服务经济，经济转型和服务业快速发展引发了人才需求的新变化，现代服务业人才需求旺盛。服务经济是一种与农业经济和工业经济有本质区别的经济形态，当今职业教育理论大多建立在工业经济的基础上，难以很好地解释服务经济时代职业教育面临的新问题，理论研究滞后于现代服务业的发展，新的经济形态要求建立与之适应的职业教育理论。探求现代服务业高技能人才供给的理论价值主要表现在以下三个方面。

第一，在服务经济中，服务业占据着引领经济发展的主导地位。现代服务业是一种新的经济业态，服务劳动的特殊性和专门性对高技能人才供给产生了新需求，迫切需要职业教育理论研究探索现代服务业高技能人才的供给规律。从供给侧结构性改革视角研究现代服务业人才供给，从人才供给数量、结构、质量、机制等要素建立理论分析框架，揭示出现代服务业高技能人才有效供给的路径，为职业教育现代服务业人才培养实践提供理论支撑。

第二，现代服务业是知识密集型服务业，互联网、大数据、人工智能和现代服务业深度融合，决定了现代服务业高技能人才需求的特殊性。基于工业经济的职业教育理论不足以解释服务经济的人才需求，从现代服务业产业发展审视高等职业教育，探索了服务经济时代的职业教育发展规律，具有理论创新价值。

第三，研究现代服务业与职业教育的联结机制，探索现代服务业对高职院校人才规模、专业结构、高技能人才劳动力素质的影响机制，有助于深入挖掘服务经济时代职业教育发展的动力机制，探索中国特色的职业教育发展规律，破解改革发展难题，为职业教育改革发展提供理论和决策支撑，推动职业教育理论创新。

二、实践意义

现代服务业高技能人才有效供给路径研究在国家战略层面、产业和企业层面、职业教育层面以及学生层面具有重要的实践意义。

第一,在国家战略层面,促进服务经济和现代服务业发展,助推国家战略目标实现。发展现代服务业是国家经济战略。高职院校培养能够满足现代服务业需求的高技能人才,有助于促进现代服务业的发展,推进国家经济转型升级和服务创新,有助于我国积极抢占全球经济发展的战略制高点。

第二,在产业和企业层面,加快产业结构调整,提升现代服务业企业活力,推动服务产业转型升级。有效供给高技能人才,加速现代服务业发展进程,有利于促进产业转型升级,构建适应时代发展的产业结构,提高现代服务业的引领作用,带动第一产业、第二产业快速发展,同时有助于提高企业的服务能力和经济效益,提升企业的科技创新能力和竞争优势。

第三,在职业教育层面,为现代服务业培养合格高技能人才是构建现代职业教育体系的重要途径。为现代服务业培养合格人才,助推经济增长,服务国计民生,提高就业创业水平,可以增强职业教育吸引力。高职院校围绕国家重大发展战略,服务产业转型升级、区域发展建设和民生改善,有助于提升职业教育的战略地位,推动校企合作和产教融合,提高职业教育质量,推动职业教育强国建设。

第四,在学生层面,增强高职院校学生的职业发展和全面发展能力。现代服务业高技能人才的有效供给将培养高技能人才,能够有效提高高职院校毕业生的就业能力和就业质量,提升个人职业生活的竞争力,促进自我智慧与价值的实现,满足人民日益增长的美好生活需要。

第四节 研究目标、内容和框架

一、研究目标

本书旨在解决现代服务业高技能人才有效供给不足的问题。本书从供给侧结构性改革视角探讨了现代服务业高技能人才有效供给路径，基于现代服务业的发展特征，探索现代服务业人才需求的变化，建立现代服务业高技能人才供给理论分析框架，提出高职院校现代服务业高技能人才有效供给路径。

具体拟研究和解决以下主要问题：
（1）现代服务业高技能人才数量供给路径研究；
（2）现代服务业高技能人才结构供给路径研究；
（3）现代服务业高技能人才核心技能供给路径研究；
（4）现代服务业高技能人才创业能力供给路径研究；
（5）现代服务业高技能人才动态供给机制研究。

二、研究内容

我国正在进入服务经济时代，如何了解现代服务业的发展特征以及相应的人才需求，探索现代服务业高技能人才的有效供给路径是加快我国现代服务业发展中必须探讨的问题。基于研究目标，本书研究的主要内容如下。

（一）绪论

全球发达国家已经进入服务经济时代，大力发展现代服务业是新时期我国经济发展的战略目标。现代服务业发展亟需高技能人才，高职院校是现代服务业高技能人才的供给主体，现代服务业高技能人才有效供给路径是重要的研究问题。该部分研究了现代服务业高技能人才有效供给路径研究的时代背景，介绍了服务业和服务经济的主要理论观点和代表性学者，梳理了现代服务业与人力资源关系的理论研究进展，明确了现代服务业高技能人才有效供给路径研究的理论意义和实践意义，并进一步确立了本书的研究目标、研究内容以及研究框架。

（二）服务经济和现代服务业发展研究

服务经济和现代服务业是高职院校人才供给改革的动因。该部分主要从产业视角分析了服务经济的主导地位和现代服务业的产业发展特征。首先，界定服务、服务业和服务经济的概念，分析国内外服务经济的发展态势；其次，对现代服务业的概念、分类和特点进行了概括；最后，分析了现代服务业的战略地位及未来发展态势，奠定了高技能人才供给的产业和经济基础。

（三）现代服务业人力资源供给的理论基础研究

现代服务业高技能人才供给研究需要理论支撑。学术界对服务业人力资源的认识是一个漫长而曲折的过程，服务业人力资源的内涵不断拓展。现代服务业人力资源供给的理论基础包括经典人力资本投资理论、古典服务经济理论、第三产业理论、后工业社会理论和后现代知识理论等。该部分梳理了服务经济思想的主要流派及各派的主要观点，从理论演进的视角讨论了不同时期观察问题角度的变化，重点介绍了具有里程碑意义的学者和理论。通过具有里程碑或分水岭意义的文献来勾画出服务业人力资源理论的演进脉络，对现代服务业高技能人才供给的探讨建立在坚实的理论基础之上，把握创新的空间。

（四）现代服务业高技能人才数量供给路径研究

人才规模是现代服务业人力资源供给的关键要素。我国服务业是新增劳动就业和吸纳存量劳动力的主力军。现代服务业是服务业的主体，是就业增长较快的领域。该部分从人才规模要素探讨现代服务业高技能人才供给问题。首先，运用就业数据分析国内外现代服务业对技术技能人才的吸纳作用；其次，分析了现代服务业高技能人才数量供给不足问题；最后，提出了服务经济时代扩大现代服务业高技能人才规模的路径。研究的主要结论是，随着产业转型升级的不断深入，现代服务业就业吸纳能力不断提升，为社会提供越来越多的就业岗位，需要大量的高技能人才从事现代服务业的相关工作，高职院校需要扩大面向现代服务业的人才数量供给。

（五）现代服务业高技能人才结构供给路径研究

人才结构是现代服务业人力资源供给的关键要素。产业结构演进趋势是确定高职院校人才结构的基本依据，主导产业决定了人才结构的分布规律。该部分首先分析了产业结构和服务业结构的演进特征，强调高职院校人才供给结构需要主动适应产业结构；其次，运用天津市现代服务业数据分析人才供给结构与需求结构失衡问题；最后，提出调整现代服务业高技能人才结构的供给路径。

（六）现代服务业高技能人才核心技能供给路径研究

核心技能是现代服务业人力资源供给的关键要素，是高等职业教育人才培养的重要内容，也是就业的关键。服务能力是现代服务业人才的核心技能，高等职业教育需要探讨现代服务业高技能人才核心技能的形成机制和决定条件，更新人才质量观念，培养以服务能力为核心的复合型劳动者。该部分基于现代服务业的知识、技术与服务密集性特点，构建了以服务能力为核心的技能结构，剖析了高职院校现代服务业人才核心技能培养问题，提出了现代服务业高技能人才核心技能培养路径。

（七）现代服务业高技能人才创业能力供给路径研究

创业能力是现代服务业人力资源供给的关键要素。现代服务业是以现代科学技术特别是信息网络技术为主要支撑，是建立在新的商业模式、服务方式和管理方法基础上的服务产业。现代服务业的发展使工作能力发生了实质性改变，为创业提供了良好的机遇，是新一代创业者集聚的领域。该部分运用蒂蒙斯创业过程模型，分析了服务经济时代创业过程的新趋势，从创业过程要素探究服务经济时代高技能人才创业面临的主要障碍，提出现代服务业高技能人才创业能力供给路径。

（八）现代服务业高技能人才动态供给机制研究

在现代信息技术革命和其他新技术引领和助推下，现代服务业发展日新月异，具有不确定性。现代服务业朝着信息化、网络化、虚拟化、智能化的方向发展，为服务创新提供新的媒介，引发服务革命性变化，不断拓展服务的类型和广度，增强提供满足个性化需求和高质量服务的能力，有力地推动整个服务领域发展进入快速创新阶段。现代服务业对高技能人才需求的快速转变要求高职院校建立人才动态供给机制，只有根据外部环境的变化及时进行策略调整和资源整合才能适应现代服务业动态发展，保持自身优势。面对现代服务业升级带来的复杂环境，高职院校应该主动适应现代服务业的发展需求，构建与现代服务业协调发展的人才动态供给新机制。

三、研究框架

供给是相对于需求而言的，教育供给是否有效的判断依据是经济社会需求的满足程度。职业教育的有效供给必须与经济社会发展相适应，满足、适应和引导职业教育需求，从而提高职业教育资源使用效率，达到职业教育供给的优化。本书从供给侧结构性改革视角探讨了现代服务业高技能人才有效供给路径。首先，基于产业经济理论剖析现代服务业的发展特征，从整体把握现代服务业。其次，深入了解各理论发展特征及相互关系，以及在本书中的重要地位。最后，以现代服务业发展特征为基础，对接现代服务业人才在数量、结构与质量等方面的需求，推动职业教育与现代服务业的协调发展，提高职业教育服务经济发展的能力，有利于职业教育供给，满足现代服务业发展需求的高技能人才，促进现代服务业转型升级和服务创新。研究框架如图 1-1 所示。

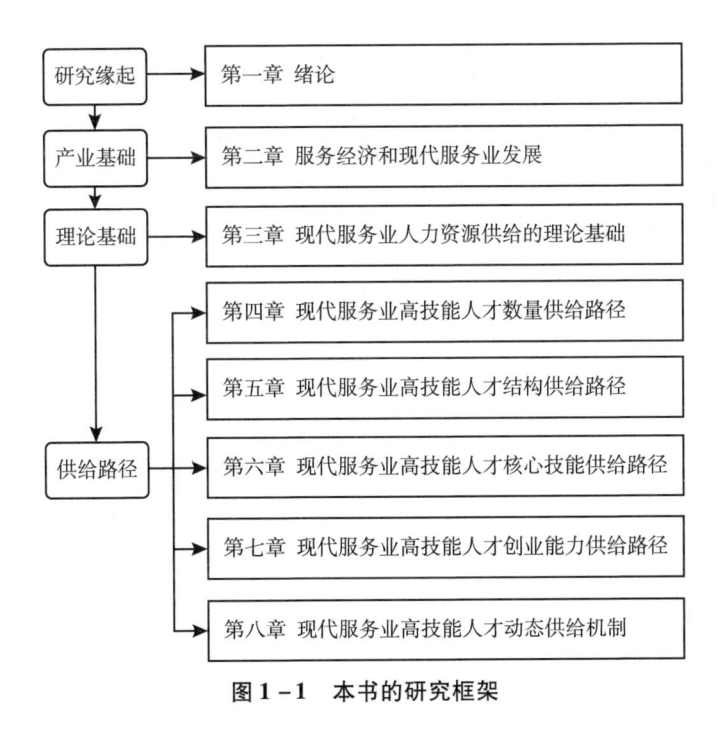

图 1-1 本书的研究框架

第二章

服务经济和现代服务业发展

服务经济和现代服务业是高职院校人才供给改革的动因。本章主要从产业视角分析服务经济的主导地位和现代服务业的产业发展特征。首先，界定服务、服务业和服务经济的概念，分析国内外服务经济的发展态势；其次，对现代服务业的概念、分类和特点进行概括；最后，分析现代服务业的战略地位及未来发展态势，奠定高技能人才供给的产业和经济基础。

第一节 服务、服务业与服务经济

一、服务的概念与特点

（一）服务

1977 年，赫尔（Hill）提出，服务是指由其他经济单位的活动所引发的人或物的变化。[①] 2004 年，瓦戈（Vargo）和勒斯克（Lusch）从广义上将服务定义为通过应用自身的能力使另一方获益。[②] 2011 年，洛夫洛克（Lovelock）和沃兹（Wirtz）从狭义上将服务定义为在某一特定时间与地

[①] Hill T P. On Goods and Services [J]. Review of Income and Wealth, 1977, 23 (4): 315-338.
[②] Vargo S L, Lusch R F. Evolving to a New Dominant Logic for Marketing [J]. Journal of Marketing, 2004, 68 (1): 1-17.

点，针对顾客所提供的一种价值创造与利益的活动。①

（二）服务的特点

赫尔提出服务具有无形性、同时性和不可存储性的特点。② 随着消费需求的不断变化和科学技术的快速发展，学者们对服务的认识在不断深入，有学者指出，服务还具有顾客参与性、③ 异质性等特点。④ 概括而言，服务具有无形性、同时性、不可存储性、顾客参与性和异质性等特点。

1. 无形性。

商品可以被看到、触摸到，服务则不同，服务的特质及组成元素是无形的。服务不能被触摸，只能去体验；不能转让，只能去经历。顾客通常需要借助于服务提供者的声誉和对其的信任来预测服务质量，进而做出选择。需要注意的是，服务形式既可以是无形的，又有可能是有形的，但是服务的劳动成果是无形的、不可见的，不像商品生产一样可以见到最终的有形产品，服务的劳动成果只能由消费者来感受和体验。

2. 同时性。

服务的同时性是指服务的生产和消费是同时进行的。有形产品是先被生产出来，再被消费的；而服务的生产和消费则无法清晰分开，服务在生产的同时也被消费。服务的这种特性表明，顾客只有加入服务的生产过程，才能最终消费服务产品。因此，服务与顾客参与紧密相关，服务与消费过程不可分离。

3. 不可存储性。

由于服务交付过程中需要顾客参与，服务活动的生产能力被认为是不可存储的。那些不能立即得到应用的服务能力无法在闲置时储存，以备将来使用。例如，电影院的空座不能储存起来，在节假日需求高峰期使用。任何服务能力如果不被使用，那么它将无法再使用，所以当服务能力不足时，提供者将会失去获利机会。服务的不可存储性表明服务能力的规划是

---

① Lovelock C H, Wirtz J. Services Marketing: People, Technology, Strategy (7th Edition) [M]. New Jersey: Prentice Hall, 2011.
② Hill T P. On Goods and Services [J]. Review of Income and Wealth, 1977, 23 (4): 315 – 338.
③ [印] 尼密·乔杜里. 服务管理 [M]. 盛伟忠, 马可云, 等, 译. 上海: 上海财经大学出版社, 2007: 16.
④ 原毅军. 服务创新与服务业的升级发展 [M]. 北京: 科学出版社, 2014: 7.

服务管理的重要方面。

4. 顾客参与性。

服务的一个重要特征是服务递送过程中的顾客参与。服务的产生和消费是同时进行的，在服务过程中必须有消费者参与。好的服务设计应该包括如何使顾客角色与整个服务递送相匹配。顾客经常在创建与消费服务方面扮演合作者角色，为服务供应商提供需求信息，使他们的服务能更接近顾客期望。

5. 异质性。

服务的异质性是指构成服务的要素及其质量水平经常发生变化，难以形成统一认定。服务生产是人与人之间的传递。服务无法像有形的物质产品那样实现标准化，即使是同一种服务，受服务时间、地点及人员等因素的影响，其服务品质也会存在差异。因此，服务的传递者，包括服务人员、顾客及服务环境等都会影响服务生产，使服务处于不断变化的过程中，难以实行标准化生产。很多服务是针对特定的顾客需要的定制服务。

二、服务业的概念与分类

（一）服务业

对于服务业的界定存在两种不同见解：一种观点是通过服务的内涵来界定服务业，把从事生产、经营符合服务内涵的行业称为服务业；另外一种观点采取排他性定义，把不能划入第一产业和第二产业的其他部门统称为服务业，该观点认为服务业与第三产业具有相同内涵。[1] 目前，学术界大部分研究是将第三产业等同于服务业，但是比较而言，第三产业的范围比服务业的范围广泛。[2] 本书遵循国家统计局对三次产业的划分和统计依据，将第三产业和服务业视为等同概念，不加以区分。

（二）服务业的分类

从实践来看，国内对服务业的分类是一个逐渐演化的过程，也是一个

---

[1] 刘志彪，江静，刘丹鹭. 现代服务经济学 [M]. 北京：中国人民大学出版社，2015：8.
[2] 宣烨. 我国服务业地区协同、区域聚集及产业升级 [M]. 北京：中国经济出版社，2012：1-2.

不断深化、细化和逐渐科学的过程。2018年，我国重新修订了三次产业划分标准，最新的服务业分类见表2-1。

表2-1　　　　　　　　　　国民经济行业分类表

产业类型	分类
第三产业	批发和零售业
	交通运输、仓储和邮政业
	住宿和餐饮业
	信息传输、软件和信息技术服务业
	金融业
	房地产业
	租赁和商务服务业
	科学研究和技术服务业
	水利、环境和公共设施管理业
	居民服务、修理和其他服务业
	教育
	卫生和社会工作
	文化、体育和娱乐业
	公共管理、社会保障和社会组织
	国际组织

资料来源：根据《国家统计局关于修订〈三次产业划分规定（2012）〉的通知》整理而得。

表2-1显示，我国第三产业主要包括：批发和零售业，交通运输、仓储和邮政业，住宿和餐饮业，信息传输、软件和信息技术服务业，金融业，房地产业，租赁和商务服务业，科学研究和技术服务业，水利、环境和公共设施管理业，居民服务、修理和其他服务业，教育，卫生和社会工作，文化、体育和娱乐业，公共管理、社会保障和社会组织，国际组织。

学术界对服务业分类做出二元划分：一是普通劳动密集型的传统服务业，多以消费性服务为产品，其中包括大量进入无技术障碍的生活服务部门，属于低端服务部门；二是人力资本密集的现代服务业，这类服务业的人力资本密集、服务品质较高、服务差异性较大，属于高端服务部门。[①]

三、服务经济的概念、标准与发展态势

（一）服务经济

1968年，美国经济学家富克斯在著作《服务经济学》中率先提出了"服务经济"这一概念，并将全球经济经历的结构性变革称为服务经济。从"服务经济"这一概念提出的背景来看，服务经济是经济社会高度发展的产物，是继农业经济、工业经济之后的一种新型经济形态。基于此，将服务经济定义为：以基于知识、信息和智力要素的生产、扩散与应用的大量服务活动为中心，以服务业为主导，以人力资源和知识运用为核心服务的生产方式，以及由与之相适应的制度环境构成的一种高度发展阶段的经济形态。

（二）服务经济的判断标准

鉴于数据的可采集性，当前大多数研究者采用服务业产值占GDP的百分比和服务业就业人数占就业总数的百分比两项指标来测度服务经济。这种服务经济测度选择的依据是，产业结构变动与人均收入水平的发展阶段相关。一般情况下，服务业规模变化呈现以下趋势：当国家在完成工业化后，人均收入水平会达到一个较高的阶段，服务业的产业和就业比值超过制造业，甚至超过农业和制造业之和，在国民经济中占据主导地位。因此，采用这种方法测度服务经济，可以在一定程度上揭示服务经济演进态势及其基本特征，是较为实用的测度选择。[②]

在明确服务经济指标测度的基础上，学术界选取的服务经济衡量标准也在不断发展。1968年，富克斯提出，当服务业就业人数比值超过50%，就可以认为该经济体进入了服务经济。1985年，科尔曼（Coleman）提高了服务经济的判断标准，认为服务业中社会服务业和个人服务业的就业总人数超过制造业人数时，该经济体才进入了服务经济。2000年，OECD将

[①] 王守法. 现代服务产业基础研究 [M]. 北京：中国经济出版社，2007：58.
[②] 周振华. 服务经济发展：中国经济大变局之趋势 [M]. 上海：格致出版社，上海三联书店，上海人民出版社，2013：41-44.

服务经济判断标准进一步提高，以服务业产值占GDP的百分比超过60%，或者服务业就业人数占就业总数的百分比超过60%来判断该经济体是否进入服务经济。[①] 目前，OECD提出的服务经济判断标准是较为公认的服务经济划分标准，本书采用该标准探索和判断国内外服务经济的发展情况。

（三）全球服务经济发展概况

服务经济是经济全球化进程中最鲜明的阶段特征，影响广泛深刻，与就业增长、分工体系、经济稳定、可持续发展等的重大议题密切相关。[②]

1. 全球服务业发展概况。

服务业产值占GDP的百分比超过60%是判断服务经济的首要标准。自20世纪70年代开始，全球产业结构呈现出由工业经济向服务经济的重大转变，人类进入了以服务业为主导的经济发展阶段。表2-2为1970~2010年全球根据收入高低区分的服务业占GDP的百分比情况。

表2-2　根据收入高低区分的服务业占GDP的百分比　　单位：%

年份	高收入国家	中高收入国家	中低收入国家	低收入国家	世界平均
1970	52.91	39.18	36.50	31.13	50.17
1975	54.30	37.66	36.77	29.53	50.98
1980	54.99	39.90	36.19	35.69	51.99
1985	58.98	40.42	39.98	35.72	55.54
1990	60.41	42.16	40.00	38.23	57.84
1995	63.68	48.25	42.35	39.14	61.15
2000	66.39	50.25	44.46	40.88	63.26
2005	66.87	48.99	45.95	42.41	63.13
2010	67.75	47.49	47.33	43.51	62.23

资料来源：根据世界银行的世界发展指标（WDI）整理而得。

表2-2显示，第一，1970年全球服务业平均值已经超过50%；2010

[①] 周振华. 服务经济发展：中国经济大变局之趋势 [M]. 上海：格致出版社，上海三联书店，上海人民出版社，2013：45.
[②] 江小涓. 服务全球化的发展趋势和理论分析 [J]. 经济研究，2008（2）：4-18.

年该比值为62.23%,标志着全球已经进入服务经济时代。第二,从收入高低来看,[①] 1970年高收入国家服务业占GDP的百分比高达52.91%;2010年上升至67.75%。中高收入国家、中低收入国家和低收入国家的服务业比值相对较低,但也处于不断增长中,截至2010年尚未进入服务经济时代。

全球已经进入服务经济时代,其中服务经济最发达的国家包括美国、英国、德国、日本、法国、意大利、加拿大七个国家(简称G7)。表2-3列出了1970~2015年世界服务经济发达国家(G7)1970年以来服务业占GDP的百分比情况。

表2-3　　世界服务经济发达国家(G7)服务业占GDP的百分比　　单位:%

年份	美国	英国	德国	日本	法国	意大利	加拿大
1970	57.97	50.05	43.61	50.98	50.12	47.37	55.55
1975	59.10	54.72	50.00	55.79	53.87	51.08	55.62
1980	60.29	52.18	51.37	57.56	56.37	52.46	56.07
1985	63.21	54.19	53.83	59.28	59.08	56.98	57.99
1990	66.55	58.12	55.67	60.32	61.46	58.77	61.13
1995	68.31	60.69	60.22	65.27	64.53	59.99	61.47
2000	71.45	63.84	61.37	67.28	66.47	61.64	59.92
2005	72.47	68.11	62.89	70.46	68.94	63.93	61.33
2010	74.50	69.70	63.78	71.03	79.20b	65.26	66.10a
2015	78.00d	79.20	69.00	72.00d	78.80	74.00	69.40c

注:"a"表示2008年数据,"b"表示2009年数据,"c"表示2012年数据,"d"表示2014年数据。
资料来源:根据《国际统计年鉴(2017)》整理而得。

表2-3显示,第一,在世界服务经济发达国家中,美国、英国、日本、法国和加拿大五个国家在1970年就已经处于服务业占主导的经济发展阶段,服务业占GDP的百分比分别是57.97%、50.05%、50.98%、50.12%和55.55%。20世纪70年代中期,德国和意大利的服务业占比超

[①] 根据世界银行的划分标准,人均国民收入在745美元以下为低收入国家,746~2975美元为中低收入国家,2976~9205美元为中高收入国家;9206美元以上为高收入国家,分析不同收入组国家服务业占GDP的百分比。

过50%，步入服务业主导的经济发展阶段。第二，在1970～2015年，世界服务经济发达国家服务业占比不断提高，到2015年，英国服务业占GDP的百分比高达79.20%，服务业对经济增长的贡献起主导作用，服务经济高度发达。

2. 全球服务业劳动力就业概况。

服务业就业人数占就业总数的百分比超过60%是判断服务经济的第二标准。国际经验表明，随着人均国内生产总值的提高，第三产业将成为吸纳劳动力就业的主要部门。国际上大多数国家和地区的第三产业就业人数高于第二产业，第三产业被认为是吸纳劳动力最强的产业。表2-4为世界服务经济发达国家（G7）三次产业就业人数占就业总数的百分比情况。

表2-4　　　世界服务经济发达国家（G7）三次产业就业人数占就业总数的百分比　　　单位：%

产业类型	年份	美国	英国	德国	日本	法国	意大利	加拿大
第一产业	2000	1.8	1.5	2.6	5.1	4.1	5.2	2.5
	2005	1.6	1.3	2.4	4.4	3.6	4.2	2.7
	2010	1.6	1.2	1.6	3.7	2.9	3.8	2.4a
	2015	1.6	1.1	1.4	3.6	2.7	3.8	1.6
第二产业	2000	22.9	25.1	33.5	31.2	26.3	31.8	23.3
	2005	20.6	22.2	29.8	27.9	23.7	30.8	22.0
	2010	16.7	19.1	28.4	25.3	22.2	28.8	21.5a
	2015	18.5	18.5	27.7	25.5	20.1	26.6	19.9
第三产业	2000	75.3	73.1	63.8	63.6	69.6	63.0	74.2
	2005	77.8	76.3	67.8	66.4	72.3	65.0	75.3
	2010	81.2	78.9	70.0	69.7	74.3	67.5	76.5a
	2015	79.9	79.7	70.9	69.4	75.9	69.7	78.4

注："a"表示2008年数据。
资料来源：根据《国际统计年鉴（2017）》整理而得。

表2-4显示，2000～2015年，世界服务经济发达国家的服务业就业人

数占就业总数的百分比不断上升,2015 年美国服务业第三产业就业人数占比高达 79.9%,服务业吸纳劳动力就业的作用十分明显。

(四) 中国服务经济发展态势

中国的经济结构发生了重大转型,进入了经济新常态,服务业成为经济增长的主要驱动力,第三产业消费需求成为主体是新常态的重要特点。①

1. 服务业发展现状。

服务业已经成为我国经济发展的主体。自"十一五"时期以来,中国服务业呈现出蓬勃向上的发展态势。表 2-5 为 2006~2017 年我国三次产业产值占 GDP 的百分比情况。

表 2-5　　2006~2017 年中国三次产业占 GDP 的百分比情况　　单位:%

年份	第一产业产值占GDP的百分比	第二产业产值占GDP的百分比	第三产业产值占GDP的百分比
2006	10.6	47.6	41.8
2007	10.2	46.9	42.9
2008	10.3	46.9	42.8
2009	9.8	45.9	44.3
2010	9.5	46.4	44.1
2011	9.4	46.4	44.2
2012	9.4	45.3	45.3
2013	9.3	44.0	46.7
2014	9.1	43.1	47.8
2015	8.8	40.9	50.2
2016	8.5	39.9	51.6
2017	7.9	40.5	51.6

资料来源:根据《中国统计年鉴(2018)》整理而得。

---

① 习近平. 谋求持久发展共筑亚太梦想——在亚太经合组织工商领导人峰会开幕式上的演讲 [EB/OL]. (2014-11-10) [2015-07-03]. http://politics.people.com.cn/n/2014/1110/c1024-26000531.html.

表2-5显示，第一，2006~2017年，我国第三产业产值占GDP的百分比呈持续上升趋势，由2006年的41.8%上升至2017年的51.6%。第二，2013年，我国第三产业产值占GDP的百分比为46.7%，首次超过第二产业，第三产业成为我国经济发展的主体。第三，2015年，我国第三产业产值占GDP的百分比为50.2%，首次超过第一产业和第二产业产值占GDP的百分比之和，服务业成为经济增长的主要动力。

研究预测，"十三五"时期后，我国第三产业产值占GDP的百分比将持续提升，并且逐渐向发达国家靠拢。预计到2020年，中国第三产业产值占GDP的百分比将达到59.38%；到2025年约为66.82%，达到发达国家中下水平；到2030年约为72.84%，达到发达国家的中等水平。[①]

2. 服务业劳动力就业情况。

服务业发展促进了更加充分的就业。"十一五"时期以来，服务业已经成为吸纳就业的主体。表2-6为2006~2017年我国三次产业就业人数占全社会就业人数的百分比情况。

表2-6 2006~2017年中国三次产业就业人数占全社会就业人数百分比 单位：%

年份	第一产业就业人数占全社会就业人数百分比	第二产业就业人数占全社会就业人数百分比	第三产业就业人数占全社会就业人数百分比
2006	42.6	25.2	32.2
2007	40.8	26.8	32.4
2008	39.6	27.2	33.2
2009	38.1	27.8	34.1
2010	36.7	28.7	34.6
2011	34.8	29.5	35.7
2012	33.6	30.3	36.1
2013	31.4	30.1	38.5
2014	29.5	29.9	40.6

---

① 夏杰长，刘奕. 中国服务业发展报告（2016~2017）迈向服务业强国：约束条件/时序选择与实现路径[M]. 北京：经济管理出版社，2017：27.

续表

年份	第一产业就业人数占全社会就业人数百分比	第二产业就业人数占全社会就业人数百分比	第三产业就业人数占全社会就业人数百分比
2015	28.3	29.3	42.4
2016	27.7	28.8	43.5
2017	27.0	28.1	44.9

资料来源：根据《中国统计年鉴（2018）》整理而得。

表2-6显示，2006~2017年，我国服务业就业比值大幅上升，2006年，我国第三产业就业人数占全社会就业人数的百分比为32.2%；2017年该百分比上升至44.9%，服务业已成为我国吸纳劳动力最多的产业。

研究预测，第三产业新增就业岗位远大于全社会的新增就业岗位，第一产业和第二产业在未来可能出现就业负增长，而第三产业的就业比值将稳步上升。到2020年，第三产业就业人数占全社会就业人数的百分比约为47.49%；到2030年约为55.59%，达到发达国家中等水平。[1]

综上所述，第三产业已经成为我国经济发展的主体，是吸纳劳动力就业的主要部门。根据服务经济的判断标准，我国正在进入服务经济时代。

第二节 现代服务业的概念、分类与特点

一、现代服务业的概念

随着信息技术、网络技术的迅猛发展，科技成果日新月异，服务业的信息化、知识化、专业化趋势不断增强，服务业结构发生了显著变化，呈现出新特点和新态势，以信息、知识和技术密集为特征的现代服务业快速发展，成为现代经济增长的重要支撑。[2]

---

[1] 夏杰长，刘奕. 中国服务业发展报告（2016~2017）迈向服务业强国：约束条件/时序选择与实现路径 [M]. 北京：经济管理出版社，2017：28.
[2] 赵明霏. 知识密集型服务业发展研究 [M]. 北京：中国经济出版社，2017：2.

（一）现代服务业

"现代服务业"是我国特有的概念。"现代服务业"一词最早出现在1997年党的十五大报告中，报告在描述社会主义初级阶段时提出了现代服务业的概念，指出社会主义初级阶段，是由农业人口占很大比值、主要依靠手工劳动的农业国，逐步转变为非农业人口占多数、包含现代农业和现代服务业的工业化国家的历史阶段。[1]

《现代服务业科技发展"十二五"专项规划》指出，现代服务业是以现代科学技术特别是信息网络技术为主要支撑，建立在新的商业模式、服务方式和管理方法基础上的服务产业。它既包括随着技术发展而产生的新兴服务业态，又包括运用现代技术对传统服务业的改造和提升。[2] 与传统服务业相比，在现代服务业中，金融保险业、信息传输和计算机软件业、租赁和商务服务业、科研技术服务和地质勘查业、文化体育和娱乐业、房地产业及居民社区服务业是较为典型的现代服务业。

（二）知识密集型服务业

国外并无现代服务业这一术语，美国学者倾向于使用"知识型服务业"来描述现代服务业。知识型服务业指的是提供服务时，融入科学、工程、技术等的产业或协助科学、工程、技术推动的服务业。该定义侧重以技术服务为特征的知识服务。欧洲学者倾向于使用"知识密集型服务业"，认为知识密集型服务业最主要的特征是，以知识为基础、R&D高度密集、高知识附加值。[3]

二、现代服务业的分类

目前，关于现代服务业并没有统一的分类体系。根据现代服务业的概念、综合其他学者已有的分类和国内外对服务业的分类标准，可将现代服务业分为四大类：基础服务业、生产性服务业、个人消费服务业和公共服

---

[1] 江泽民. 中国共产党第十五次全国代表大会报告 [R]. 1997-09-12.
[2] 国家科技部. 现代服务业科技发展"十二五"专项规划 [Z]. 2012-02-22.
[3] 高新民，安筱鹏. 现代服务业：特征、趋势和策略 [M]. 杭州：浙江大学出版社，2010：8.

务业，见表 2-7。

表 2-7　　现代服务业的分类

大类	第一级分类	第二级分类
基础服务业	通信服务业	基础电信服务
		广播电视服务
	信息技术服务业	计算机服务
		软件服务
		互联网服务
		网络数据库
生产性服务业	现代金融业	现代银行服务业
		现代证券服务业
		现代保险服务业
		其他金融活动
	现代物流业	数码仓库
		配送中心
		第三方物流
		配送服务
	现代商业	电子商务
		连锁商业服务
		其他商业服务
	专业服务业	法律服务
		会计服务
		管理及科技咨询服务
个人消费服务业	个人消费服务业	连锁商品销售
		数字内容产业
		旅游业
公共服务业	公共服务业	公共医疗
		公共教育
		社区服务
		电子政务

基础服务业是指为第一产业、第二产业或第三产业内部其他产业提供基础服务的产业，主要包括通信服务业、信息技术服务业等。其中，通信服务业是指人与人或人与自然之间通过某种行为或媒介进行信息交流与传递的行业。信息技术服务业是指直接或间接地与电子计算机有关的生产部门。[①]

生产性服务业是指直接为其他产业生产商品和服务提供服务的新兴产业，属于中间性投入产业，[②] 主要包括现代金融业、现代物流业、现代商业和专业服务业等。其中，现代金融业是指金融机构运用货币交易手段融通有价物品向金融活动参与者和顾客提供的共同受益活动。[③] 现代物流业是指产品从起点至终点有效流动的全过程，具体是将运输、仓储、装卸、加工、整理、配送、信息等方面有机结合、形成完整的供应链，为用户提供多功能、一体化的综合性服务行业。现代商业是指以超级市场、仓储式商场、专卖店等现代化业态为主体，以条形码技术、POS机、保鲜技术、冷藏链技术、电子商务技术等现代技术为主导的商业服务。专业服务业是指由专门为顾客提供职业化和科技服务活动的机构所组成的服务行业，这些活动要求劳动者具有高度的专业知识和技能。[④]

个人消费服务业是指基于居民日常生活中多样化的个人消费需求和生活服务需求所提供的服务，主要包括连锁商品销售、数字内容产业和旅游业等。其中，连锁商品销售是指流通领域中若干个同行业商店，以共同进货、共同经营同类商品、共享经营理念的方式联结起来，在同一商业形象下共享规模效益的服务行业。数字内容产业是信息技术与文化创意高度融合的产业形式，涵盖数字游戏、互动娱乐、影视动漫、立体影像、数字学习、数字出版、数字典藏、数字表演、网络服务、内容软件等，主要为三网融合、云计算、无线网络等新兴技术和产业提供数字内容支撑。旅游业是指服务者在交通、住宿及其他有关部门中，通过办理旅游签证、中间联络、代购代销，为旅游者导游、交涉、代办手续，以及利用自己的交通工

[①] 刘昭东，宋振峰. 信息与信息化社会 [M]. 北京：科学技术文献出版社，1994：68-71.
[②] 杜德瑞，王喆，杨李娟. 工业化进程视角下的生产性服务业影响因素研究 [J]. 上海经济研究，2014（1）：3-17.
[③] 王守法. 现代服务产业基础研究 [M]. 北京：中国经济出版社，2007：69.
[④] 石忆邵，蒲晟. 专业技术服务业：大都市产业结构调整的新方向 [J]. 南通大学学报（社会科学版），2010，26（3）：26-30.

具、住宿设备提供旅游服务，从而获取报酬的行业。①

公共服务业是指通过国家权力介入和公共资源投入，为满足公民的社会发展活动的直接需要所提供的服务，主要包括公共医疗、公共教育、社区服务和电子政务等。② 公共医疗是指通过评价、政策发展和保障措施来预防疾病、延长人的寿命和促进人的身心健康的服务行业，包括对重大疾病尤其是传染病的预防、监控和医治，对食品、药品、公共环境卫生的监督管制，以及相关的卫生宣传、健康教育、免疫接种等。公共教育是指在公共政策指导下，为满足公民需求和共同利益，由政府、市场、个人等多个主体共同提供的、面向全社会特别是青少年的一种文化服务。③ 社区服务是指政府、社区居委会以及数字社区等其他各方面力量直接为社区成员提供的公共服务和其他物质、文化、生活等方面的服务。电子政务是指国家机关在政务活动中，应用现代信息技术、网络技术以及办公自动化技术等进行办公和管理的公共服务。

三、现代服务业的特点

（一）现代服务业的就业扩张性

现代服务业是服务经济时代的主导产业，具备主导产业的特征。④ 一方面，现代服务业的快速发展满足了顾客日益专业化的服务需求，形成大量的专业服务企业，吸纳越来越多的就业人员。在全球经济从服务业向现代服务业发展转变的进程中，企业与家庭需要的服务正在快速成长，顾客对服务的需求持续增加，需求越来越专业化，传统上由内部自行负责的服务活动，逐渐分割给专业的服务企业。⑤ 所以专业服务企业不断增加，提供大

---

① 王守法. 现代服务产业基础研究 [M]. 北京：中国经济出版社，2007：294.
② 高新民，安筱鹏. 现代服务业：特征、趋势和策略 [M]. 杭州：浙江大学出版社，2010：14.
③ 李保强，马婷婷. 公共教育服务的概念及其体系架构分析 [J]. 教育理论与实践，2014，34 (7)：35–38.
④ 注：根据罗斯托的主导产业理论，主导产业是指能够依靠科技进步或创新获得新的生产函数，能够通过快于其他产品的"不合比例增长"的作用有效带动其他产业快速发展的产业。主导产业应同时具备如下三个特征：第一，能够依靠科技进步或创新，引入新的生产函数；第二，能够形成持续高速的增长率；第三，具有较强的扩散效应，对其他产业乃至所有产业的增长起着决定性的影响。主导产业既对其他产业起着引导作用，又对国民经济起着支撑作用，是提供数量最大的就业岗位的产业。
⑤ 钟若愚. 走向现代服务业 [M]. 上海：上海三联书店，2006：43.

量的就业岗位，形成一定的就业扩张性。另一方面，我国生产性服务业和基础服务业产值占 GDP 的百分比持续增长，证实了生产性服务业和基础服务业正在不断发展和扩大。随着技术和经济的发展，企业和个人的技术服务和商业服务需求持续增加。这些需求将不断催生出基础服务企业和生产性服务企业，吸纳越来越多的相关就业人员，形成一定的就业扩张性。因此，现代服务业的发展能够提供大量的就业岗位，对就业人员的吸纳能力将随着现代服务业的发展而不断增加，形成一定的就业扩张性。

（二）现代服务业的结构复杂性

现代服务业涉及范围广，涵盖行业多，包含职业种类非常庞杂。信息传输、软件和信息技术服务业，金融业，科学研究和技术服务业，教育，卫生和社会工作，公共管理、社会保障和社会组织均是具有典型现代服务特征的行业门类。[①] 表 2-8 为六种典型现代服务业所涵盖的主要职业种类数情况。

表 2-8　　　　六种典型现代服务业所涵盖的主要职业种类数　　　　单位：类

行业	主要职业种类数
信息传输、软件和信息技术服务业	19
金融业	23
科学研究和技术服务业	154
教育	12
卫生和社会工作	69
公共管理、社会保障和社会组织	12

资料来源：根据《中华人民共和国职业分类大典（2015 年版）》整理而得。

如表 2-8 所示，根据《中华人民共和国职业分类大典（2015 年版）》可知，信息传输、软件和信息技术服务业包含 19 类主要职业，金融业包含 23 类主要职业，科学研究和技术服务业包含 154 类主要职业，教育业包含 12 类主要职业，卫生和社会工作包含 69 类主要职业，公共管理、社会保障和社会组织行业包含 12 类主要职业。

---

① 高新民，安筱鹏. 现代服务业：特征、趋势和策略 [M]. 杭州：浙江大学出版社，2010：41.

现代服务业的行业种类繁多导致现代服务业的行业结构和职业结构复杂。同时，由于社会生产和分工的不断细化以及社会进步导致的消费结构升级而催生了新兴服务业，新兴服务业借助新技术、新业态、新服务方式向社会提供高附加值、多元化、高端化的服务。因此，现代服务业的行业结构和职业结构的统计范畴也会不断变化，对现代服务业的界定与划分也在不断调整和完善。[①] 现代服务业呈现出明显的结构复杂性特点。

（三）现代服务业的知识、技术和服务密集性

现代服务业具有知识密集、技术密集和服务密集性的特点，[②] 驱动现代服务业企业整合前沿知识、关键技术和高端人才资源，并将其转化为企业内部创新动力和外部竞争力。以生产性服务业为例，其特有的知识资本、技术资本和人力资本密集型特征决定了其在国民经济中将会发挥越来越大的作用，包括中国在内的众多国家已经将生产性服务业作为经济结构转型升级和产业运行效率提升的有力抓手。生产性服务业不仅可以服务于农业以及以制造业为主的第二产业，也可以服务于服务业自身。[③] 具体而言包括以下三个方面。

1. 知识密集性。

卡罗斯·维瓦斯（Carlos Vivas）指出，现代服务业的服务创新在知识投入与知识产出两个方面均能表现出知识高密集度的特点。[④] 第一，在知识投入方面，现代服务业的发展高度依赖专业性知识的投入，现代服务业企业的主要竞争力是在某一领域内的专业性知识，这些知识来源于专业服务的提供商，也会来自具备较高专业知识的顾客，甚至可能来自服务提供商和顾客之间互动的过程。[⑤] 第二，在知识产出方面，现代服务业产出专业化的服务，在提供专业服务的过程中，服务提供者与顾客交互，进一步提升和扩展了企业与顾客的专业知识与创新能力。这意味着专业化的现代服务业企业和专业化的服务提供者在服务经济时代具备更强的竞争优势，服务

---

① 孙永波. 我国现代服务业发展机制及其对策研究 [M]. 北京：经济科学出版社，2017：11.
② 方燕. 高技术服务业经济贡献研究：基于产业结构和经济增长理论视角 [M]. 北京：经济科学出版社，2014：29.
③ 钱龙. 生产性服务业发展与服务业生产率提升研究——基于产业互动的视角 [J]. 山西财经大学学报，2018，40（1）：39-53.
④ 孙永波. 我国现代服务业发展机制及其对策研究 [M]. 北京：经济科学出版社，2017：12.
⑤ 高新民，安筱鹏. 现代服务业：特征、趋势和策略 [M]. 杭州：浙江大学出版社，2010：216-217.

需求的专业化引发了现代服务业企业服务产出的专业化。

2. 技术密集性。

在现代服务业中，广泛应用先进的科学技术，同时现代科学技术的创新与发展也受到了现代服务业的推动，两者相辅相成。现代服务业的技术密集性主要体现在现代服务业发展对信息技术和智能技术的依赖。

（1）信息技术。现代服务业的发展建立在信息技术基础之上。一方面，现代服务业对信息技术的依赖性可以从其生产运营流程各环节对信息技术的依赖程度来考察。现代服务业的服务创新、服务生产、服务销售等环节都离不开信息技术的支持和运用。另一方面，信息服务业是典型的现代服务业。信息服务业是指利用计算机、通信和网络等现代信息技术对信息进行生成、收集、处理加工、存储、检索和利用，为社会提供信息产品和服务的专门行业的集合体。信息服务业离不开信息技术的支撑，包括信息采集和效验技术、信息传递和交换技术、信息存储技术、信息分析技术、信息显示和提供技术、信息安全与保护技术等。

（2）智能技术。人工智能技术的运用使现代服务业呈现出智能性特点。人工智能（Artificial Intelligence）是一种研究运用先进数字技术、让机器能像人一样有效执行高度复杂任务的技术。在移动互联网、大数据、超级计算、传感网、脑科学等新理论新技术的驱动下，人工智能加速发展，呈现出深度学习、跨界融合、人机协同、群智开放、自主操控等新特征。具体到现代服务业领域，医疗机器人、护理机器人、娱乐机器人、教育机器人、家用机器人、物流机器人等人工智能技术在现代服务业中的应用十分广泛。[1] 现代服务业智能机器人具有不受时间限制、随时服务的优势。在从业人员素质方面，现代服务业智能机器人的出现则对从业者提出了较高的要求。现代服务业智能机器人应用的基础是智能技术，在系统维护管理上则要具备相当程度的专业知识，现代服务业相关从业人员职业标准不断提升。

3. 服务密集性。

服务密集性主要表现为人力资源密集性和服务交互密集性两方面。

（1）人力资源密集性。服务业的产业属性决定了服务业需要更多的人力资源来满足消费者的服务需求。同时，随着经济的发展，生活水平的提

---

[1] 王喜文. 世界机器人未来大格局［M］. 北京：电子工业出版社，2016：12.

高，消费结构逐渐升级，消费者心理需要层次也不断提高，顾客的消费需求呈现出多样化、个性化、人性化的特征，对高质量服务的需求越来越普遍。为应对顾客的需求变化，就需要数量更多、质量更高、类型更多元的现代服务业工作者来应对顾客日益增长的各类需求，倒逼现代服务业吸收更多的人力资源，来满足业务发展需求。

（2）服务交互密集性。服务业的开展形式决定了服务业具有交互密集性的特点，而且随着现代信息技术、人工智能等技术工具的日益普及，消费者与服务工作者交流互动突破了时空限制，较之书信往来或者电话通信等交互方式，互动效率得到极大提升，有利于现代服务业及时了解消费者的诉求，发现服务过程中存在的问题与不足，精准改进服务品质，提升服务成效，最终提高现代服务业的效益。

（四）现代服务业的创新性

在服务经济时代，现代服务业企业最新、最有用的知识存在于员工的头脑中，具有创造能力和创新精神的员工是企业的核心资源，高素质员工的创新能力是企业获取竞争优势的关键，员工的创造性思维能力成为企业最为宝贵的资源。增加人力资本投资，重视对员工创新思维能力的培训，营造以人为本的创新文化，使员工成为自主创新的主体，从而积累雄厚的人力资本，推动服务创新。[①] 因此，现代服务业具有高创新性特点。一方面，现代服务业的产生本身就是一种创新。在现代服务业发展的过程中，逐渐产生了一些新业态、新概念，如创意产业、服务外包等，使得现代服务业所包含的内容以及可以创新的范围更加广泛。现代服务业的发展也离不开一系列创新活动的展开，有很多现代服务企业的产品本身就是一种创新成果的展示。另一方面，由于服务需要满足不同客户的各种需求，在为顾客提供服务的同时，自身必须不断创新，吸收新知识、学习新技术，创造出适合技术和生产发展新要求的知识应用模式，推动现代服务业的创新和发展。

（五）现代服务业发展的动态性

现代服务业的发展规模、人才需求、就业岗位等处于动态变化之中，并

---

① 原毅军. 服务创新与服务业的升级发展［M］. 北京：科学出版社，2014：9.

在不同发展阶段呈现出不同的特征。通过审视现代服务业发展的生命周期，发现现代服务业发展的阶段动态性特点十分明显。现代服务业出现、成长、成熟、衰落和退出等生命周期阶段性特征，与不同经济发展阶段紧密联系，处于不同经济发展阶段中的现代服务业，其生命周期的阶段性表现也不相同。

例如，在发达国家，随着人均收入水平的提高和消费需求的不断变化，餐饮与旅馆服务业、批发与零售服务业、运输与仓储服务业等个人消费服务业部门已经处于产业生命周期中的成熟阶段，增长速度逐渐减缓，在服务业中的比值呈现下降趋势，在生命周期维度上逐步丧失其现代属性。而医疗与保健服务业、教育培训服务业等公共服务业部门则处在产业生命周期中的成长阶段，呈现高增长和高比值的特征，具有明显的现代属性。相比之下，在新兴经济体或发展中国家，与其人均收入水平及其消费需求相适应，经过现代科学技术和信息技术应用并改造的商业服务业、物流服务业、餐饮与旅馆服务业等个人消费服务业和生产性服务业部门，在产业生命周期中仍处于高增长阶段，并且在服务业中比值较高，仍然体现出较为明显的现代属性。而医疗与保健服务业、教育培训服务业等公共服务业部门，尽管具有潜在成长性和良好的未来发展趋势，但是当前尚未进入产业生命周期中的高增长阶段，在服务业中所占据的比值也较低，还没有呈现出现代属性。因此，在不同国家和不同时间节点上，现代服务业的发展定位是不同的，是动态变化的。

第三节 我国现代服务业的战略地位与未来趋势

一、现代服务业在我国经济发展中的战略地位

（一）我国高度重视服务业，制定了一系列鼓励和支持发展的政策措施

党的十五大报告在描述社会主义初级阶段时首次提出了现代服务业的概念，指出社会主义初级阶段，是由农业人口占很大比值、主要依靠手工劳动的农业国，逐步转变为非农业人口占多数、包含现代农业和现代服务

业的工业化国家的历史阶段。① 随后,我国政府制定了一系列鼓励和支持现代服务业发展的政策措施。2015年,《中共中央关于制定国民经济和社会发展第十三个五年规划的建议》指出,要开展加快发展现代服务业行动,放宽市场准入,促进服务业优质高效发展。② 2017年,党的十九大报告明确提出,要支持传统产业优化升级,加快发展现代服务业,瞄准国际标准提高水平。③ 中国特色社会主义进入新时代,我国社会主要矛盾已经转化为人民日益增长的美好生活需要和不平衡不充分的发展之间的矛盾。人民美好的生活需要日益广泛,不仅对物质文化生活提出了更高要求,而且对服务质量方面的要求也日益增长。以体育产业为例,随着人民生活水平的提高,自发锻炼已经不能满足部分消费者对体育技能的多样化需求,专业化、便利化、多样化的体育训练与健身需求增长很快,需要针对消费者需求进行业务拓展,这就需要更加专业化的体育产业高技能人才。④

(二)现代服务业对我国经济发展具有重要意义

1. 现代服务业是促进我国经济发展的新的增长点。

新服务催生新职业,使现代服务业内涵不断丰富。新兴服务业不断出现,成为现代服务业类型不断丰富的主要动力,是促进我国经济发展的新的增长点。从产业演进规律来看,一部分现代服务业是在传统服务业发展演进中形成的,是在传统服务业发展过程中融入了知识、技术和信息,形成了新的服务内容、服务方式和服务管理形式等;另一部分现代服务业是受高新技术的作用和现代市场因素影响而催生出来的新兴服务业,其内涵随着经济社会的发展而不断丰富。⑤ 伴随着知识的创造、传播、应用和科技创新活动的日趋频繁,一大批新兴服务业迅速形成,成为高速增长的现代经济部门,⑥ 使现代服务业成为促进我国经济发展的新的增长点。

---

① 江泽民. 中国共产党第十五次全国代表大会报告 [R]. 1997-09-12.
② 中共中央. 中共中央关于制定国民经济和社会发展第十三个五年规划的建议 [Z]. 2015-11-03.
③ 习近平. 中国共产党第十九次全国代表大会报告 [R]. 2017-10-18.
④ 江小涓. 网络空间服务业:效率、约束及发展前景——以体育和文化产业为例 [J]. 经济研究, 2018, 53 (4): 4-17.
⑤ 张汉飞. 现代服务业与现代物流业知识读本 [M]. 重庆:西南师范大学出版社, 2009:6.
⑥ 陈宪. 服务经济学学科前沿研究报告 [M]. 北京:经济管理出版社, 2017:2.

2. 现代服务业是促进我国就业的增长点。

现代服务业的发展促进了更加充分和更高质量的就业，是我国就业的增长点。一方面，随着人们对生活质量要求的不断提高，现代服务业需要个性化的服务供给。加快发展现代服务业，特别是教育、文化娱乐和医疗保健、信息服务业、公共服务业等，需要直接为人们提供更多更好的教育服务产品、现代媒体产品、文化艺术产品、旅游产品和公共服务产品，需要劳动者提供更加个性化和更加便捷的服务，这为劳动者提供了更加丰富的就业渠道。另一方面，现代服务业是一个分工更细化、门类更繁多的领域，它不仅开辟了许多就业渠道，提供了大量的不同类型的就业岗位，更重要的是提供了大量的创业机会。大力发展以信息技术、电子商务、现代商业为主的新兴服务业，可以创造大量的就业岗位和创业机会，有利于将人口压力转化为人力资源。[①]

3. 发展现代服务业是增强我国国际竞争力的战略举措。

加快发展现代服务业是抓住全球服务业结构调整和战略转移的机遇，增强国际竞争力的战略举措。在经济全球化的背景下，国际贸易、投资、金融和区域合作深入发展，现代服务业的国际化直接反映了一个国家对外开放的能力。面对激烈的国际竞争，能在这些领域赢得优势，就占据了发展的主动权和制高点。我国的服务贸易逆差不断增加，反映出中国服务业供给能力与需求之间的差距不断加大。因此，加快发展现代服务业有利于培养我国服务贸易的核心竞争力，扭转我国的服务贸易逆差，增强在服务业国际贸易中的竞争优势。同时，加快发展现代服务业也有利于抓住全球产业转移的历史机遇，尽快发展壮大我国现代服务业规模，进一步创造"中国服务"的国际品牌。

二、专业人才供给引领现代服务业发展趋势

人才引领经济发展方向。现代经济理论与区域发展实践表明，人才是产

---

① 高新民，安筱鹏. 现代服务业：特征、趋势和策略 [M]. 杭州：浙江大学出版社，2010：38-40.

业结构转型升级的引领器,人才资源要素在产业发展中的地位越来越重要①。在工业化时代,是产业发展集聚人才;而在知识经济时代,是人才引领产业发展,高素质的人才是催生高技术及高技术产业的关键。这不仅有助于提高经济系统的产出,而且可以引导一般性资源流向高技术产业,促进高技术产业的成长,提升一个地区的竞争力。

在未来,高技能人才的有效供给将成为引领现代服务业发展趋势的最重要因素。现代服务业的发展资源主要是人力。② 现代服务业呈现出对低技能劳动力需求减小和对高技能劳动力需求增加的趋势,现代服务业的可持续发展更多是要依靠高技能人才供给和人才红利。人力资源的供给主要靠教育,③ 高技能人才供给的主要阵地是高等职业教育。《现代职业教育体系建设规划(2014~2020年)》强调,要逐步提高面向服务业的职业教育比重,重点加强服务金融、物流、商务、医疗、健康和高技术服务等现代服务业的职业教育,培养具有较高文化素质和技术技能素质的新型服务人才。④

现代服务业是一种以运用智力资源为主的服务业,它依赖人力资源的知识水平和创新能力在服务过程中实现增值,因此现代服务业的人力资本含量较高。⑤ 现代服务业以高知识和高技术为主要特征,现代科学技术只能为现代服务业的发展提供硬件方面的支持,只有高素质、专业化的人才,才能有效地驾驭这些硬件资源。现代服务业需要与客户之间进行大量的交互活动,这些交互活动对于专业知识和业务能力的要求较高,高素质人才已经逐渐成为现代服务业最重要的资本,而且随着现代服务业的竞争逐渐演变成为人才之间的竞争,是否拥有高素质人才已经成为决定现代服务业经营成败的关键。⑥

---

① Keynes J M. Alternative Theories of the Rate of Interest [J]. The Economic Journal, 1937, 47 (1): 241–252.
② [美]乔治·吉尔德. 财富与贫困 [M]. 储玉坤,钟淦恩,杨思正,译. 上海:上海译文出版社,1985:321.
③ Hannah L, Temin P. Long-term Supply-side Implications of the Great Depression [J]. Oxford Review of Economic Policy, 2010, 26 (26): 561–580.
④ 教育部等六部门. 现代职业教育体系建设规划(2014~2020年)的通知 [Z]. 2014–06–24.
⑤ 张汉飞. 现代服务业与现代物流业知识读本 [M]. 重庆:西南师范大学出版社,2009:16.
⑥ 陈小连,马世骏,马勇. 现代服务业管理原理、方法与案例 [M]. 北京:北京大学出版社,2010:32.

第三章

现代服务业人力资源供给的理论基础

现代服务业高技能人才供给研究需要理论支撑。学术界对服务业人力资源的认识是一个漫长而曲折的过程，服务业人力资源的内涵不断拓展。现代服务业人力资源供给的理论基础包括经典人力资本投资理论、古典服务经济理论、第三产业理论、后工业社会理论和后现代知识理论等。本章梳理了服务经济思想的主要流派及各派的主要观点，从理论演进的视角讨论不同时期观察问题角度的变化，重点介绍了具有里程碑意义的学者和理论。通过具有里程碑或分水岭意义的文献来勾画出服务业人力资源理论的演进脉络，对现代服务业高技能人才供给的探讨建立在坚实的理论基础之上，把握创新的空间。

第一节 经典人力资本投资理论

当代经济学认为，资本可以分为两种，一种是物质资本（Physical Capital），另一种是人力资本（Human Capital）。体现在物质形式方面的资本为物质资本，体现在劳动者身上的资本为人力资本。人力资本的形成不比物质资本形成简单，相反，可能更为复杂，因为作为人力投资形成的一种资本，它涵盖了劳动者身上的知识、智能、技能以及体能等决定劳动者整体生产效率的全部因素。在经济学中，探讨人力资本的影响及其形成的一整套理论，被称为人力资本理论。

西奥多·舒尔茨（Theodore Schultz）提出了人力资本的理论体系，对经济发展的动力做出了新的阐释。他认为，研究经济增长问题，有必要将人力资本概念纳入资本概念中，而不应仅考虑有形的物质资本。舒尔茨从长期的农业经济问题研究中发现，促使美国农业生产产量迅速增加和农业生产率提高的主要原因已经不是土地、劳动力数量或资本存量的增加，而是人的知识、能力和技术水平的提高。1960年，舒尔茨在题为《人力资本的投资》的演讲中指出，传统的经济理论强调，经济增长必须依赖物质资本和劳动力数量的增加，而人的知识、能力等人力资本的提高对经济增长的贡献远比物质资本、劳动力数量的增加重要得多。人的技能是必不可少的，它为经济发展提供动力。舒尔茨认为，教育主要是一种为了增加未来收入和未来满足而进行的投资。在教育收益中，有一种"分配给受教育者的收益"，主要根据受教育者对经济增长所提供的各种机会的反应能力来确定。由于受教育最少的人对新机会的反映最迟缓，所以这种特定的收益随着教育水平的提高而增长。

加里·贝克尔（Gary Becker）于1964年出版的《人力资本：特别是关于教育的理论与经验分析》一书，是具有经典性和权威性的专著，是人力资本理论中重要的代表作，在学术界产生了深远影响。贝克尔对人力资本的理论分析主要包括两个层面：人力资本投资对收入的影响和人力资本的回报率。人力资本投资主要集中在在职培训、学校教育、信息投资和医疗保健投资这四个方面。贝克尔的教育回报率研究认为，人力资本投资的回报率应该比非人力资本的回报率高，教育程度高的人相对数量增加会降低教育回报率，但是技术和知识的显著进步，又会提高教育回报率，因为这种进步增加了对受过良好教育的人的需求。贝克尔的研究表明，人力资本投资对就业和收入有重大影响，揭示了人力资本投资对个人、企业和社会的意义与价值，具有较强的外部经济性。

舒尔茨和贝克尔的人力资本理论是在宏观经济增长层面提出的，属于普适性的人力资本理论，适用于所有产业，对服务业人力资源研究具有启示作用，但服务业人力资本具有特殊性，需要从服务发展的脉络进一步明确服务业人力资本的重要性。

第二节 古典服务经济理论

古典服务经济理论是现代服务业发展的基础理论。服务的性质是学者关心的首要问题，最具代表性的两派观点为以亚当·斯密（Adam Smith）为代表的质疑服务对财富和增长意义的观点和以让·巴蒂斯特·萨伊（Jean Baptiste Say）为代表的肯定服务创造效用的观点。

一、亚当·斯密：服务不创造价值

亚当·斯密在其著作《国富论》中阐释了在资本主义财富积累的机制过程中提及了非生产性劳动即服务业在其中的作用。

第一，斯密认为劳动可分为两类："一类因生产价值称为生产性劳动，另一类称为非生产性劳动。制造业工人的劳动，通常会把维持自身生活所需要的价值与提供给雇主利润的价值，加在所加工的原材料的价值上。然而家仆的劳动却不能增加什么价值。"商业活动和其他社会经济活动之间存在明显界限，服务属于非生产性劳动。

第二，斯密从财富和资本能否被积累的角度分析生产性和非生产性，认为只有生产性的产出具有耐久性，能够保留下去随时取用，是可积累的财富；而非生产性的产出随产随用，不能积累。斯密在描述家仆的劳动中指出，不是通过耐久物品或可卖商品来实现价值的，终究是随生随灭，不能保留起来供日后使用。

第三，斯密提出的非生产性服务经济活动的服务职业为服务业分类和具体服务业职业种类开创了先例。这些服务职业包括神职人员、律师、医护人员、作家、艺术家、喜剧演员、音乐家、歌手、剧院舞蹈演员、其他私人服务和家仆等。[①]

斯密提出的服务领域人力资源观点对传统服务业具有一定的解释力，

---

① ［法］让·克洛德·德劳内，让·盖雷. 服务经济思想史——三个世纪的争论［M］. 江小涓，译. 上海：格致出版社，上海人民出版社，2011：9-10.

但是对服务领域人力资源的质疑对服务业发展具有一定的消极影响。随着服务业在经济发展中地位的提升,服务领域人力资源的重要作用日益显现,服务业人力资源的重要性也开始受到肯定。

二、让·巴蒂斯特·萨伊:服务可以创造财富

1803 年,法国经济学家让·巴蒂斯特·萨伊在《政治经济学概论》中提出了效用理论和长期投资理论,从不同角度观察服务,对斯密观点提出质疑,认为生产的本质不是创造物质,而是创造效用,这为后续研究开启了新的思路。

第一,萨伊认为,各类经济活动之间存在相互依存性。不同类型的经济活动之间相互依存,没有服务,生产难以顺利进行,社会无法正常运转。因此,医生、法官等提供的服务也可以创造财富。

第二,萨伊描述了服务的一些特性。一是定义了"非物质性产品"这一概念,即在生产同时被消费的产品,这是传统服务业的本质特征之一;二是讨论了公共支出和政府提供服务的问题。萨伊认为,由于一些政治和社会原因,有些服务不能由市场模式提供,应该作为社会的共同需要由政府提供,如教育。

第三,萨伊还将服务和人力资源联系起来。萨伊认为,服务也有投资和收益,从事服务需要获取知识和技能,因此需要有投资。在一个医生能够给出专业建议使其患者受益前,双方都必须接受医生多年学习的成本。律师、歌手、乐师等同样如此,公务人员的专门技术对其自身也是一项投资;银行活动是生产性的,因为此类活动需要依赖银行家特殊的专业知识,市场对这些知识有需求,提供这些服务得到的报酬就是投资收益。[①]

萨伊肯定了服务领域人力资源的重要作用,涉及的律师、银行人员等职业均属于知识较为密集的现代服务业职业,为现代服务业高技能人才供给路径研究奠定了重要基础。

---

① 江小涓. 服务经济——理论演进与产业分析 [M]. 北京: 人民出版社, 2014: 4 – 5.

第三节 第三产业理论

三个部门划分主要应归功于罗纳德·费希尔、柯林·克拉克和让·福拉斯蒂（Jean Fourastié），他们是第三产业理论的奠基者。

一、罗纳德·费希尔："第三产业"与"三次产业分类法"

1935年，经济学家罗纳德·费希尔发表了他的主要著作《安全与进步的冲突》，并在《经济进步与社会安全》中重申了该书的观点。费希尔在探索现代经济对变化的抗拒和适应的重要性时指出，发达经济体需要解决的主要问题是，怎样充分迅速地与需求变化以及由此引起的产业变化相适应。

费希尔将经济活动分为第一产业、第二产业和第三产业，并不仅是物质和统计意义上的分类，而且是作为描述经济发展历史变化和阶段性的一个分析框架。第一产业包括农业和矿业，第二产业是将原材料加工转化的产业，第三产业是提供服务的产业，包括运输、贸易、休闲活动、教育、艺术创作以及哲学等。费希尔第一个观察到，尽管没有第一产业，人类无法维持基本的生存，但是劳动力就业仍然逐渐从这些初级经济中转移出来，进入第二产业，而后更多地进入第三产业。

在费希尔的著作中，第三产业既不是核心概念，也不是分析主题，但是第三产业的重要性在于它包含很多潜在的"增长点"。这些增长点需要政府经济政策创造条件，吸引资本进入，也要求增加公众责任，主要是减少新兴企业的风险。费希尔揭示各个部门相对重要性的变化，其基础并不是危机或者萧条，而是进步与发展。[1]

二、柯林·克拉克：以"服务性产业"代替"第三产业"

柯林·克拉克的主要著作《经济进步的条件》出版于1940年。克拉克

---

[1] ［法］让·克洛德·德劳内，让·盖雷. 服务经济思想史——三个世纪的争论［M］. 江小涓，译. 上海：格致出版社，上海人民出版社，2011：54-55.

主张以"服务性产业"代替费希尔提出的"第三产业",对三产业作如下界定:第一产业活动包括农业、林业和渔业,自然因素的工业符合规模收益递减规律。第二产业或者工业活动处于持续不断的转型中,符合规模化要求,将原材料转化为可以运输的产品。第三产业或者服务活动包括独立艺术家的小规模生产、建筑、公共设施、运输、贸易,以及更一般的所有类型的服务业。

克拉克认为,就业向服务业转移的主要原因是消费需求总量和需求构成变化。克拉克使用了德国统计学家克里斯蒂安·恩格尔(Christian Eagel)提出的需要饱和水平理论(Theory of the Level of Demand Saturation),即随着收入水平的提高,人们的支出结构发生变化,对服务需求的比值也随之提高。

三、让·福拉斯蒂:经济活动分类的明确标准

让·福拉斯蒂在其1949年出版的《20世纪的伟大希望》一书中提出了一个经济活动分类的明确标准。在任何给定时期,第一产业的生产率增长只是平均水平,第二产业生产率增长快于平均水平,而第三产业则增长缓慢,甚至出现零增长。福拉斯蒂提出了更为"现代"的观点来解释服务业日益增长的需求,既涉及公共服务业又涉及生产性服务业。福拉斯蒂指出:"使用第二产业的产品花费时间,而使用第三产业产品节省时间",其原因是服务可替代商品来满足同样的需求。他认为,技术进步使服务业的增长成为可能,服务业成为经济主体是大势所趋,但是需要经过长期质疑和调整后才有可能实现。[①]

费希尔、克拉克和福拉斯蒂对第三产业理论的阐释包括三次产业分类、产业结构转移规律等,这些理论明确了服务业就业结构和就业变化趋势,为服务业人力资源供给趋势提供了依据。

---

① [法]让·克洛德·德劳内,让·盖雷.服务经济思想史——三个世纪的争论[M].江小涓,译.上海:格致出版社,上海人民出版社,2011:55-56.

第四节 后工业社会理论

1973年，丹尼尔·贝尔在《后工业社会的来临——对社会预测的一项探索》一书中以美国社会为蓝本对工业经济发展之后的社会经济态势做了一个前瞻性和系统性的预测，提出了著名的"后工业社会理论"。贝尔将人类社会发展划分为三个阶段：前工业社会、工业社会和后工业社会。前工业社会即农业社会阶段，人类的发展受制于自然资源，生产主要是为了满足基本生活需要；工业社会阶段即商品生产的社会阶段，其基础是社会化的机器大生产；后工业社会即服务经济社会，这个社会的基础是服务，财富的来源不再是体力、能源，而是信息与服务。

贝尔相应地将服务业的发展分为三个阶段，农业社会的服务业以个人服务和家庭服务为主，工业社会以与商品生产有关的服务业如商业为主，后工业社会的服务业则以知识型服务和公共服务为主。贝尔认为，后工业社会是服务社会，社会结构从商品生产为基础转向以服务业为基础，知识、科学和技术在社会生产中占据主要地位，专业人员和技术人员具有突出的重要性，社会价值体系和控制方式也将发生重大变化。贝尔认为，工业社会在向后工业社会发展的过程中，服务业发展会依次经历个人服务和家庭服务，交通、通信及公共设施，商业、金融、保险和房地产，休闲性服务业，知识密集型服务业等若干阶段。[①]

一、后工业社会的表征

（一）后工业社会是以服务业为主导的社会

后工业社会的第一个特征是经济活动人口主要在第三产业就业，这是形成社会和文化价值与结构的重要因素。贝尔认为，随着收入水平的不断提高，服务需求增长的同时，第三产业成为就业的主要部门。贝尔还观察

[①] 卢福财，吴昌南．产业经济学［M］．上海：复旦大学出版社，2013：87．

到，在工业社会中，某几种类型的服务处于增长中：辅助生产的服务，如运输和配送。但是在后工业社会，扮演主角的是另一种类型的服务，即医疗、教育、研发和政府。

服务业的主导地位对服务业活动自身有重要影响，而且对人际关系和社会结构也是如此。这是人与人之间的游戏，重要的是信息。处于中心的是专业人员，因为他们具备教育和专门的培训背景，这些素质是后工业社会日益亟需的。如果工业社会是由标志着生活水平的商品数量来界定，那么后工业社会就是由服务和舒适度计量的生活质量来界定，如健康、教育、娱乐和艺术，现在人人都需要而且也能够获得以上领域的服务。

（二）知识、科学与技术占有主导地位

后工业社会的第二个特征是生产要基于人机协作。后工业社会的根本在于知识，是理论性的、抽象的、编码的知识。科学知识是创新的基础，是最根本的战略资源。这意味着大学和研究机构成为社会的"中轴结构"。因此，后工业社会的中心问题不是资本或劳动组织向某一零件集中，而是科学、技术和基于信息与理论知识的智力资源问题。"研究与开发"这一术语说明了科学和技术之间不断增强的相互依赖性和与之相关联的进步观。

社会活动从以经济增长为中心转变为以理论知识为中心。它主要表现为社会对科学日益增长的依赖性。当然，知识对任何社会的运转都是必需的。后工业社会与众不同之处在于知识本身所扮演的角色发生了变化。其中关键的一点，是在形成决策和指导变化时，理论知识居于中心地位，以及知识被规范化为抽象的符号系统，从而可以用来说明许多不同经验领域的问题。某一领域的进步越来越依赖于一流的理论工作。理论知识日益成为社会的战略资源。

（三）专业和技术阶层兴起

产业结构的变迁和科学技术成为主导生产力，重塑了社会就业结构，并创造了新的职业，影响了社会进程。贝尔考察细分职业，形成了后工业社会的第三个基本特征：技术和专业服务阶层的地位不断提高。教育工作者，医疗和健康服务人员，科学家和工程师，技师，以及其他管理、法律、文化和信息领域的专业人员都属于这一阶层。这些人大多都有大学学历，

构成了后工业社会的核心。后工业社会出现了一个以科学家和工程师为核心的新阶层——技术和专业人员阶层。

贝尔认为,还可以通过就业分布的变化来定义后工业社会。在很大程度上,就业是决定社会阶层划分的最重要因素。在工业社会,半熟练工人是劳动力中最大的一类。但随着服务经济的扩展,办公、教育和政府的作用突出了,引起了工作领域向白领工作的转变。1956年,美国就业结构中白领工人的数量超过了蓝领工人,这在工业文明史上是第一次。此后,白领工人与蓝领工人之比稳步上升,到1970年,已经超过了5:4。[1] 其中,最惊人的变化是专业和技术领域就业的增长,专业、技术人员总体的增长率是劳动力平均增长率的两倍,而科学家和工程师的增长率是劳动人口增长率的3倍。

(四) 价值体系和社会控制形式的变化

贝尔指出,在后工业社会,人与人之间的关系将比工业社会重要得多,因为后工业社会的一个基本事实是人与人之间的对话,而不是与机器的互动。贝尔揭示了价值体系的变化与消费模式转变的内在联系,认为消费模式经历了经济化模式下大规模消费工业品向社会化模式下共同消费服务转变的过程。

在后工业社会,技术能力是取得权力的基础,教育是获得权力的主要途径,科学家和研究人员取代了地主、企业家,成为社会的主宰。但是,后工业社会不是技术专家统治的社会,决策权仍然掌握在政治家手中。不过,决策者必须越来越通晓政策的技术特质,否则将无法根据技术决策做出正确的政治决策。工业社会是经济化社会,公司是实现经济化目标的机构。但是这种经济化模式带来了许多社会问题。为了解决这些问题,社会现在更加强调社会计划和社会选择,从而整个社会正在向社会化模式转变。[2]

---

[1] [美] 丹尼尔·贝尔. 后工业社会的来临——对社会预测的一项探索 [M]. 高铦, 译. 北京:新华出版社, 1997: 23.

[2] [美] 丹尼尔·贝尔. 后工业社会的来临——对社会预测的一项探索 [M]. 高铦, 译. 北京:新华出版社, 1997: 2-4, 9.

二、后工业社会与人力资源的关系

贝尔论述了后工业社会与人力资源的基本关系,明确了服务业发展对人力资源具有高度相倚性的观点,在服务业与人力资本之间建立起了清晰的、很强的联系。具体包括以下三个方面。[①]

第一,从产品生产经济转变为服务经济,大多数劳动力不再从事农业或制造业的生产活动,而是转向贸易、金融、运输、保健、娱乐、研究、教育和管理等服务工作。后工业社会受到重视的服务类型是卫生、教育、研究和政府服务,正是这类服务的增加,对后工业社会有着决定意义。

第二,在劳动力群体中,专业技术人员阶层处于主导地位,特别是科学家和工程师成为后工业社会的关键性群体。贝尔认为,这种增长与高等教育的规模普及是分不开的,学位获得者人数的增长与大学生人数的增长成正比,因此贝尔提出应重视对高等教育的资助决策。

第三,知识凸显出前所未有的重要性,在社会活动中处于中心地位,成为社会革新与政策制定的源泉。后工业社会就是知识社会,研究与开发日益成为创新的源泉,理论知识居于中心位置,科学和技术之间出现了新的关系,社会的重心日益转向知识领域。

第五节 后现代知识理论

服务投入提高了人力资本长期产出能力,其中较为典型的是教育投入持续增长,使人力资本中包含的知识、技能和创新能力不断改变,需要运用后现代知识理论对服务业人力资源进行进一步阐释和支撑。

一、后现代社会知识控制权的改变

农业社会中有较高价值的是土地,工业社会中有较高价值的是金钱,

---

① [美]丹尼尔·贝尔. 后工业社会的来临——对社会预测的一项探索 [M]. 高铦,译. 北京:新华出版社,1997:14, 18, 21.

在信息时代，知识具有较高价值。1986年，让·弗朗索瓦·利奥塔（Jean Francois Lyotar）在《后现代状况——关于知识的报告》中提出了后现代知识理论，指出后现代社会知识控制权发生了改变，他对这一由权力主导的运动的观点是，知识、权力和教育总是不可避免地纠缠在一起。①

利奥塔有关后现代知识的论述主要是针对高度资本主义与工业发展的后现代社会所产生的思考。在一个高度发展的"电脑化社会"（Computerization of Society）中，由于电脑庞大的资讯存储空间、迅捷的信息处理能力和传播网络，科学、研究实践与知识的传递已经发生了巨大的变化。20世纪后半叶以来，由于电脑科技日新月异的进步，很大程度上改变了大学有关知识传递及研究的功能与角色。利奥塔指出，西方社会急剧地步入后工业或所谓的后现代社会之后，科技高度发展，传统传递知识的方式与价值已产生了重大的转变。生活在电脑社会中的人们，任何人只要会使用电脑及网络，就可以从资料库及电脑网络上获取许多想要的资讯与知识，而这些资讯与知识，由于需要储存于电脑资料库及网络，所以必须被符码化成为电脑语言，才可便于交流、传递，甚至是出售，知识遂成为一种可操作运行的资料。任何无法变成数字符码而被储存与流通的知识，都有可能被淘汰，电脑因而在后现代社会中取得优势地位。传统上经由心灵与智慧的训练以获得、分类、取得与开发知识的现代性观点，已被知识是以外在符码方式传递，教师与学习者则是成为提供者与使用者的商业关系，知识成为并被制造为商品出售的后现代观点所取代。

二、后现代知识与人力资源的关系

利奥塔在后现代知识理论中论述了后现代知识与人力资源的关系。他认为，在后现代知识背景下，电脑的实用性与有效性使得"知识商品化"（Mercantilization of Knowledge）而产生了知识正当性的危机。传统知识的正当性已然失效，必须采用一种新观点与新方法来"解正当性"，提出"实作性"成为衡量知识有效与否的标准。电脑科技的运作逻辑是实用性与有效

---

① [美]小威廉·E. 多尔. 后现代与复杂性教育学[M]. 张光陆, 译. 北京：北京师范大学出版社, 2016: 202.

性，接受教育意味着必须学习实在知识。而在有效性的规则下，传统高等教育作为知识制造者的优越地位被颠覆，传统大学的角色也逐渐被现代大学所取代。教育的任务在于以有效的方法使学生学习。

利奥塔指出，在后现代社会中，一定的操作技术是必需的，尤其是能应用于训练远距离的控制，如电脑科学、语言学、数学等。在电脑科技为主导的学习情景下，学生不再是被动的知识承接者，而是成为一位主动的知识消费者与生产者。学生无须被动地接受知识，也不需在固定的空间与时间内才能获得知识，而是可以主动而自由地遨游在知识网际中找寻所需要消费的知识，也可以借助网络的力量生产出个人创造的知识产品并提供他人消费。

利奥塔提出，具有良好知识又能获得与掌握知识的人，在后现代社会中占有优势。最好的实用性效能不在于获得更多的资讯，而在于以新的方式来重组资讯。教育必须在各种训练所中，容纳所有能增加个人学习不同学科的能力，进行科技整合。尤其是在后现代背景中，知识研究不再是大学的专利，许多私人机构或企业都具有自行研发的能力，大学必须与外部机构进行合作，以开发出新的"知识产品"。[①] 在强调专业训练的后现代教育体系下，教育将会呈现出不同于传统教育形态的特征：教育不再是以知识本身为目的，而是从属于实用性效能原则；在教学方式上，传统的由教师提供知识给学生的被动学习方式将转换为学生主动建构学习方式，教学内容与范围也从教室与教科书扩及全世界的教育资源；在后现代社会中，重要的是创造力和想象力，并能进行学科交叉与整合的能力；教育的主要任务将是为社会体系提供一些能够满足个别职位需求的成员，强调为青年的就业做准备，以帮助他们改善技术和扩充工作视野。后现代社会的教育组织结构、课程、方法及参与者表现出差异性，教育更加多元化。

第六节 理 论 启 示

通过梳理现代服务业人力资源供给的相关理论演进脉络，可以得出如

---

① ［美］小威廉·E. 多尔. 后现代与复杂性教育学［M］. 张光陆，译. 北京：北京师范大学出版社，2016：203.

下几个方面启示。

第一，经典人力资本理论属于普适性的人力资本理论，适用于所有产业，揭示了教育等人力资本投资对个人、企业和社会的意义与价值，对服务业人力资源研究具有启示作用，但服务业人力资本具有特殊性，需要从服务发展的脉络进一步明确服务业人力资本的重要作用。

第二，第三产业理论包括第三产业概念和服务性产业概念的提出、三次产业分类、产业结构转移规律等，这些内容明确了服务业就业结构和就业变化趋势，为服务业人力资源供给趋势提供了重要依据。

第三，古典服务经济学始终关注服务和服务业的性质与要素，对服务和服务业的认识不断深入，古典经济学家肯定了服务在经济发展中的重要作用，并注意到服务与人力资本的关联性。

第四，后工业社会理论将专业性劳动者提到一个前所未有的高度，专家型劳动者成为社会主流，专业和技术人员处于社会主导地位。后工业社会理论在服务业与人力资本之间建立起了较强的联系。

第五，后现代知识理论强调了后现代社会中技术知识和应用知识的重要性，以及职业培训的重要性。一方面，强调了信息时代最具价值的是知识，尤其是技术知识和应用知识等"实作知识"，并且知识、权力与教育之间不可避免地产生关系；另一方面，提出接受教育必须学习技术知识、应用知识等"实作知识"，并且传统大学的角色将逐渐被现代大学所取代。后现代知识理论肯定了信息技术知识、应用知识及职业教育对于现代服务业发展的重要性。知识符码化、商品化、市场化将要求教育转换知识提供者的传统角色，培养学生主动学习和建构知识，培养学生的创新创造能力。

综上所述，相关理论为现代服务业高技能人才供给路径研究奠定了坚实基础。理论的共同结论是服务业和现代服务业作为影响国计民生的产业，与人力资本关系密切。现代服务业是我国未来经济发展的重要动力，也是全球产业经济的关键领域。面对我国现代服务业人才供给不足，如何有效供给现代服务业需要的高技能人才，进而提高现代服务业高技能人才的专业技能，并适应现代服务业新业态、新技术、新商业模式需求，是本书将要重点探讨的问题。

第四章

现代服务业高技能人才数量供给路径

人才规模是现代服务业人力资源供给的关键要素。我国服务业是新增劳动就业和吸纳存量劳动力的主力军。现代服务业是服务业的主体，是就业增长最快的领域。随着产业转型升级不断深入，现代服务业就业吸纳能力不断提升，为社会提供越来越多的就业岗位，需要大量的高技能人才从事现代服务业相关工作，高职院校人才供给需要满足现代服务业的人才数量需求。本章从人才规模要素探讨现代服务业高技能人才供给问题。首先，运用就业数据分析国内外现代服务业对技术技能人才的吸纳作用，其次，分析现代服务业高技能人才数量供给不足问题，最后，提出服务经济时代扩大现代服务业高技能人才规模的路径。

第一节 现代服务业人才规模需求新变化

一、现代服务业就业数量持续增加

就业比值是衡量行业就业的指标。就业比值指行业就业人数占全部就业人数的百分比。产业结构变动带动了就业结构的相应调整。在经济发展初期，社会劳动资源集聚在生产效率低下的农业部门。随着科技发展，工业革命之后，现代工业部门兴起，承接了大量劳动力就业，农业部门的就业逐步减少并让位于工业部门。当代技术进步步伐的加快又使工业部门劳动生产效率空前提高，既排斥劳动力过多进入，又为以商业、金融、技术服务为主的第三产业快速发展提供了新机遇,使大量劳动就业逐步转向以第三产业为主。①

(一)全球服务业就业比值稳步上升

20世纪80年代以来,全球服务业就业比值一直稳步上升,这种变化在发达国家和地区尤为明显。表4-1整理了不同收入水平国家(地区)三次产业就业人数占就业总数的百分比,就农业就业比值而言,不同收入水平的国家从1994~2010年的农业就业比值逐渐降低;就工业就业比值而言,中低收入国家和中高收入国家的工业就业比值逐渐增长,而高收入国家的工业就业比值逐渐降低;就服务业就业比值而言,不同收入水平的国家从1994年到2010年的服务业就业比值逐渐增加。

表4-1　　　　　不同收入水平国家(地区)三次产业就业
人数占就业总数的百分比　　　　　　　单位:%

国家(地区)	农业			工业			服务业		
	1994年	2000年	2010年	1994年	2000年	2010年	1994年	2000年	2010年
世界	40.4	37.9	30.5	22.7	21.6	24.2	36.3	39.9	45.1
中低收入国家(地区)	53.4	53.2	45.8	17.4	16.6	21.4	27.7	28.7	32.8
中高收入国家(地区)	49.9	43.9	32.1	23.1	22.8	27.3	26.9	33.3	40.4
高收入国家(地区)	7.2	6.0	3.5	29.9	27.1	21.8	62.7	66.7	74.1

资料来源:http://data.worldbank.org/.

本书根据表4-1的数据整理了不同收入水平国家(地区)服务业就业人数占就业总数的百分比变化情况,见图4-1。

---

① 段敏芳,郭忠林.产业结构升级与就业[M].武汉:武汉大学出版社,2013:23.

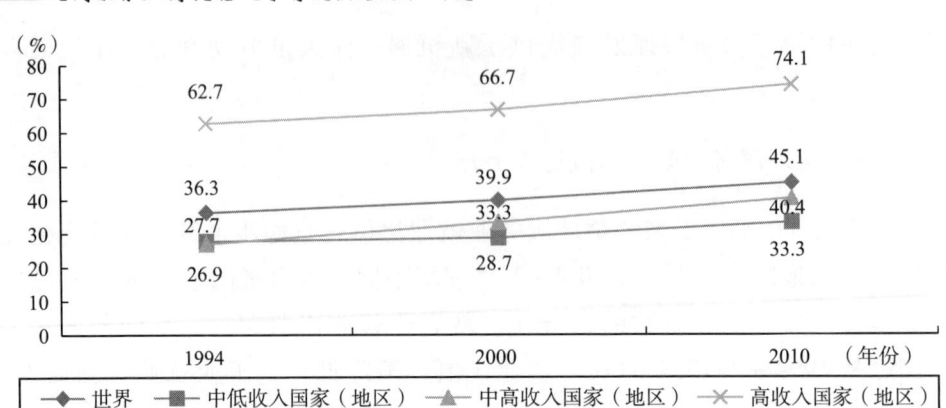

图 4–1 不同收入水平国家（地区）服务业就业人数占就业总数的百分比

由图 4–1 可知，从 1994~2010 年，世界中低收入国家（地区）、中高收入国家（地区）和高收入国家（地区）的服务业就业人数占就业总数的百分比均呈上升趋势。其中，世界服务业就业人数占就业总数的百分比从 36.3% 上升到 45.1%，中高收入国家（地区）从 26.9% 上升到 40.4%，高收入国家（地区）从 62.7% 上升到 74.1%，中高收入国家（地区）和高收入国家（地区）服务业就业人数占就业总数的百分比上升迅速。

（二）我国服务业就业比值不断提高

顺应经济发展的趋势，我国产业结构逐步走上正轨，第一产业比值不断下降，第二产业比值缓慢上升，第三产业比值不断提高。相应于产业结构，在就业结构方面，服务业已成为吸纳劳动力最多的产业。我国服务业在促进就业方面正发挥着越来越重要的作用，国家经济统计数据显示，2000~2016 年我国服务业就业吸纳作用迅速显现，见表 4–2。

表 4–2　2000~2016 年中国三次产业就业人数以及就业比值变化情况

年份	三次产业就业人数（万人）				三次产业就业比值（%）		
	合计	第一产业	第二产业	第三产业	第一产业	第二产业	第三产业
2000	72085	36043	16219	19823	50.0	22.5	27.5
2001	72797	36399	16234	20165	50.0	22.3	27.7
2002	73280	36640	15682	20958	50.0	21.4	28.6

续表

年份	三次产业就业人数（万人）				三次产业就业比值（%）		
	合计	第一产业	第二产业	第三产业	第一产业	第二产业	第三产业
2003	73736	36204	15927	21605	49.1	21.6	29.3
2004	74264	34830	16709	22725	46.9	22.5	30.6
2005	74647	33442	17766	23439	44.8	23.8	31.4
2006	74978	31941	18894	24143	42.6	25.2	32.2
2007	75321	30731	20186	24404	40.8	26.8	32.4
2008	75564	29923	20553	25087	39.6	27.2	33.2
2009	75828	28890	21080	25857	38.1	27.8	34.1
2010	76105	27931	21842	26332	36.7	28.7	34.6
2011	76420	26594	22544	27282	34.8	29.5	35.7
2012	76704	25773	23241	27690	33.6	30.3	36.1
2013	76977	24171	23170	29636	31.4	30.1	38.5
2014	77253	22790	23099	31364	29.5	29.9	40.6
2015	77451	21919	22693	32839	28.3	29.3	42.4
2016	77603	21496	22350	33757	27.7	28.8	43.5

资料来源：根据《国际统计年鉴（2017）》整理而得。

图4-2与图4-3根据表4-2的2000~2016年中国三次产业就业人数以及就业比值的数据整理所得。

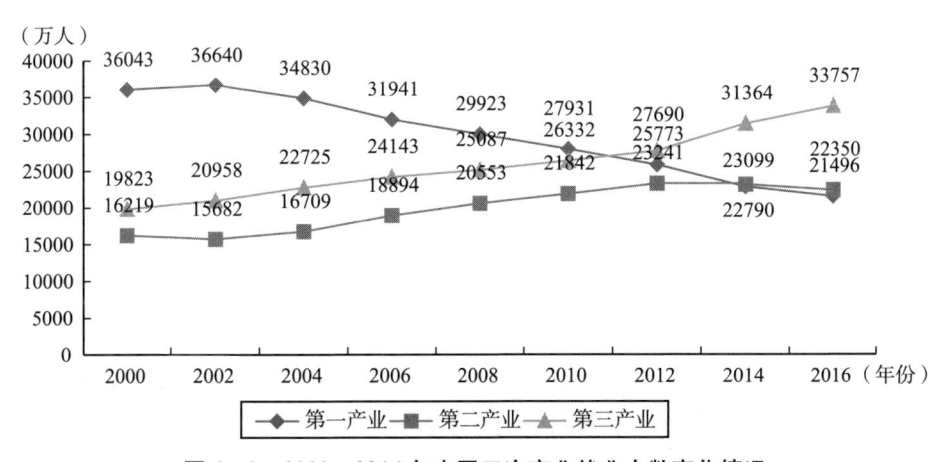

图4-2 2000~2016年中国三次产业就业人数变化情况

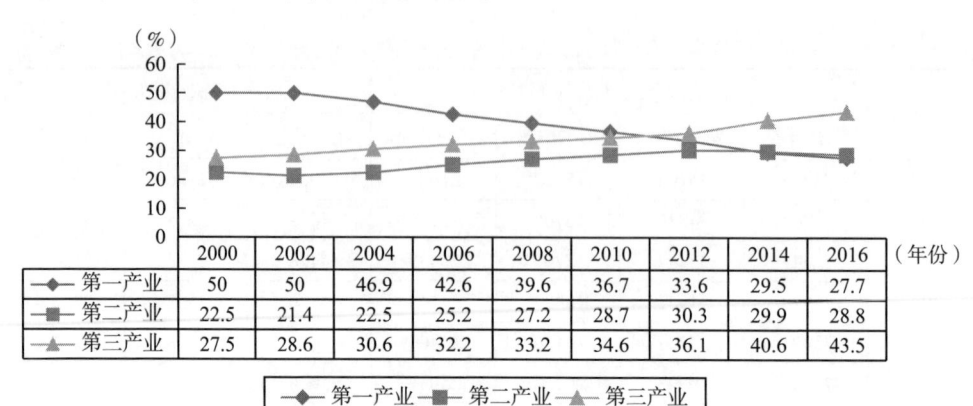

(%)	2000	2002	2004	2006	2008	2010	2012	2014	2016
第一产业	50	50	46.9	42.6	39.6	36.7	33.6	29.5	27.7
第二产业	22.5	21.4	22.5	25.2	27.2	28.7	30.3	29.9	28.8
第三产业	27.5	28.6	30.6	32.2	33.2	34.6	36.1	40.6	43.5

图4-3 2000~2016年中国三次产业就业比值变化情况

从图4-2与图4-3可知，第一，在第一产业就业人数变化方面，2000~2016年，我国第一产业就业人数呈现持续降低趋势，由2000年的36043万人降低至2016年的21496万人，就业比值由50%降低为27.7%。第二，在第二产业就业人数变化方面，2000~2016年，我国第二产业就业人数呈现缓慢增长的趋势，2012年是就业人数变化的转折点。2000~2012年，第二产业就业人数从16219万人增加至23241万人，就业比值从22.5%增加至30.3%；2012~2016年，第二产业就业人数从23241万人降低至22350万人，就业比值从30.3%降到28.8%。第三，在第三产业就业人数变化方面，2000~2016年，我国服务业就业人数呈持续上升趋势，服务业就业人数由19823万人增加到33757万人，就业比值由27.5%增加到43.5%。2010~2012年，服务业就业人数与比值逐渐高于第一产业和第二产业，此后成为吸纳劳动力最强的产业。

二、现代服务业就业吸纳能力显著增强

在服务业内部，产业结构演变的总体趋势是从传统服务业向现代服务业的演进和发展。现代服务业已成为服务业的主体，并对就业人员产生了较强的吸纳作用。信息传输、软件和信息技术服务业，金融业，科学研究和技术服务业，教育，卫生和社会工作，公共管理、社会保障和社会组织是六种具有典型现代服务特征的行业。表4-3从中国统计年鉴（2017）中

表4-3　2006~2016年六种典型现代服务业就业人数以及比值情况

年份	信息传输、软件和信息技术服务业（万人）	比值（%）	金融业（万人）	比值（%）	科学研究和技术服务业（万人）	比值（%）	教育（万人）	比值（%）	卫生和社会工作（万人）	比值（%）	公共管理、社会保障和社会组织（万人）	比值（%）	合计（万人）
2006	138.2	3.4	367.4	9.1	235.5	5.8	1504.4	37.3	525.4	13.0	1265.6	31.4	4036.5
2007	150.2	3.6	389.7	9.4	243.4	5.9	1520.9	36.8	542.8	13.1	1291.2	31.2	4138.2
2008	159.5	3.7	417.6	9.8	257.0	6.0	1534.0	36.0	563.6	13.2	1335.0	31.3	4266.7
2009	173.8	3.9	449.0	10.1	272.6	6.1	1550.4	35.0	595.8	13.4	1394.3	31.4	4435.9
2010	185.8	4.0	470.1	10.2	292.3	6.4	1581.8	34.5	632.5	13.8	1428.5	31.1	4591.0
2011	212.8	4.5	505.3	10.6	298.5	6.2	1617.8	33.8	679.1	14.2	1467.6	30.7	4781.1
2012	222.8	4.5	527.8	10.6	330.7	6.6	1653.4	33.1	719.3	14.4	1541.5	30.9	4995.5
2013	327.3	6.2	537.9	10.2	387.8	7.3	1687.2	32.0	770.0	14.6	1567.0	29.7	5277.2
2014	336.3	6.2	566.3	10.4	408.0	7.5	1727.3	31.7	810.4	14.9	1599.3	29.4	5447.6
2015	349.9	6.3	606.8	10.9	410.6	7.4	1736.5	31.1	841.6	15.1	1637.8	29.3	5583.2
2016	364.1	6.4	665.2	11.6	419.6	7.3	1729.2	30.2	867.0	15.2	1672.6	29.3	5717.7

资料来源：根据《中国统计年鉴（2017）》整理而得。

整理了六种典型现代服务业的就业人数和就业比值变化的数据,以进一步了解现代服务业对就业人员的吸纳情况。

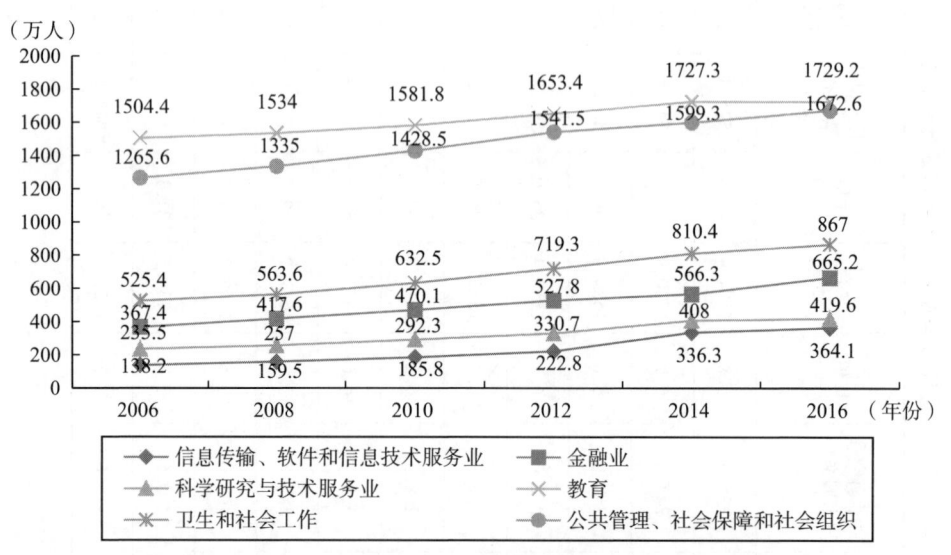

对表4-3数据中2006~2016年六种典型现代服务业就业人数变化情况、2016年六种典型现代服务业就业比值分布情况、2006~2016年六种典型现代服务业就业比值变化对比情况进一步整理,获得图4-4、图4-5和图4-6,有利于更好地理解六种典型现代服务业就业人数与就业比值的变化情况。

图4-4 2006~2016年六种典型现代服务业就业人数变化情况

图4-4表明,第一,2006~2016年六种典型现代服务业就业人数均呈现增加的趋势。其中,信息传输、软件和信息技术服务业就业人数增加了225.9万人,金融业就业人数增加了297.8万人,科学研究和技术服务业就业人数增加了184.1万人,教育行业就业人数增加了224.8万人,卫生和社会工作行业就业人数增加了341.6万人,公共管理、社会保障和社会组织行业就业人数增加了407万人。表明现代服务业对高技能劳动力的吸纳作用显著,吸纳就业人数持续增长。

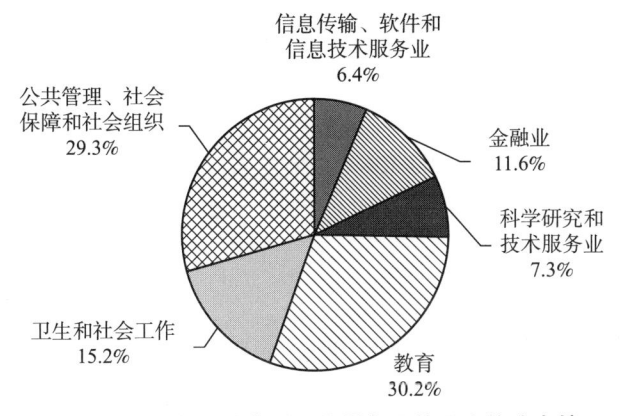

图 4-5　2016 年六种典型现代服务业就业比值分布情况

图 4-5 显示，六种典型现代服务业就业人数最多的行业为教育行业，2016 年教育行业就业人数占六种典型现代服务业全部就业人数的百分比为 30.2%；信息传输、软件和信息技术服务业就业比值最小，为 6.40%。表明现代服务业不同行业对就业人员的吸纳情况不同，吸纳数量由多到少依次是教育行业，公共管理、社会保障和社会组织行业，卫生和社会工作行业，金融业，科学研究和技术服务业，信息传输、软件和信息技术服务业。

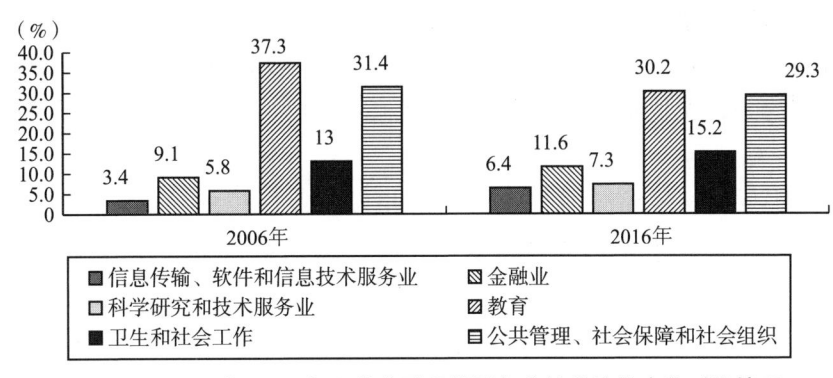

图 4-6　2006 与 2016 年六种典型现代服务业就业比值变化对比情况

图 4-6 显示，2006 年与 2016 年各类典型现代服务业就业人数占六种典型现代服务业全部就业人数的百分比变化趋势不尽相同，其中，信息传输、软件和信息技术服务业（从 3.4% 增加到 6.4%），金融业（从 9.1% 增加到 11.6%），科学研究和技术服务业（从 5.8% 增加到 7.3%），卫生

和社会工作（从13%增加到15.2%）就业比值呈现上升趋势。教育（从37.3%降低为30.2%）和公共管理、社会保障和社会组织（从31.4%降低为29.3%）就业比值呈现下降趋势。由此可知，现代服务业不同行业对就业人员的吸纳作用随着时间的推移在发生着变化，信息传输、软件和信息技术服务业，金融业与科学研究和技术服务业对就业人员的吸纳作用具有不断增长的潜力。

三、新兴服务业职业与岗位不断涌现

在全球新一轮科技革命和产业变革中，互联网与产业的融合发展对全球经济社会发展产生了深远影响，具有广阔前景和无限潜力。发展中国家可以结合自身优势重点发展服务贸易，摆脱对传统比较优势及先进国家的技术依赖，转向培育和发展知识技术密集、资源消耗低、成长潜力大、经济效益好的现代新兴产业。[①] 在产业结构方面，随着互联网的深入发展，互联网将推动整个服务行业和市场进入新一轮进化发展的快车道，传统服务产业将在产业业态层面发生相对剧烈的变化和变革，一些传统服务业可能逐步缩减规模甚至消亡，新服务行业、新服务业态将不断产生。传统服务业态与新兴服务业态都是一个动态概念，随着经济社会的发展，此时的新兴服务业态彼时则为传统服务业态。[②] 与服务业内部产业结构的动态持续变化相对应的是，现代服务业的就业岗位将一直处于不断变化和更新状态之中。

传统服务业规模缩减或消亡，引发相应就业岗位的缩减或消失。一是一些偏向信息服务中介的实体重资产产业可能消亡，例如，销售行业的二级代理、三级代理，物流行业的"黄牛"、小货代、旅游业的在线旅游（Online Travel Agency, OTA）、金融业的互联网理财产品分销商等。相应的，与偏向信息服务中介的实体重资产产业相关的就业岗位可能随之消失。二是围绕传统传播介质的广告、营销服务业形式转向式微，如传统纸质平面媒体传媒和广告业转向互联网和社交广告。传统纸质平面媒体传媒和广

[①] 孔群喜，王紫绮，蔡梦. 新时代我国现代服务业提质增效的优势塑造 [J]. 改革, 2018 (10): 82-89.

[②] 高新民，安筱鹏. 现代服务业：特征、趋势和策略 [M]. 杭州：浙江大学出版社，2010：121.

告业的就业岗位将相应缩减。三是缺少与终端客户交互、缺少客户体验的终端服务行业，长期将呈现减缓态势，并被迫做出基于互联网的转型和变革。如无法以消费者为核心、消费体验不佳的传统医疗、教育培训和银行门店等，其相关的就业岗位将发生变化。四是规模经济明显的行业和专业化服务领域的结构将实现调整。规模化、全网或全品类的服务业，如大流通平台、全网物流业、全国性上门送餐或团购企业，将逐步发展为寡头垄断的市场格局，垂直的、专业化、细分场景的服务模式可能呈现出野蛮生长后的迅速整合和几家独大格局。相应的就业岗位将更多集中在某几家寡头企业，一些不具备垄断能力的服务企业将失去提供就业岗位的能力。[1]

近年来，随着互联网技术的迅猛发展，新兴技术不断涌现，Web2.0、P2P、Wiki 等的影响日渐提升，不断催生出各种基于互联网的新兴服务业态和新的就业岗位。基于互联网的新兴服务业作为一种新商业模式，与传统的单方向供给关系不同，它能够把消费者的热情、奉献及收入结合在一起。它蕴藏着巨大能量，既满足了人们越来越高的服务需求，又为现代服务业注入了新内涵。其不仅可以使服务过程产生知识的增值，而且可以产生服务的规模效应，带来服务的大幅度增值，由此带动整个地区的服务经济能够产生规模效应，即产业将不断扩张、分工将更加细化，[2] 新的就业岗位将不断增加。

通过对比 1999 年版与 2015 年版《中华人民共和国职业分类大典》，可以了解服务业就业岗位的变化情况，尤其是新兴服务业就业岗位的增加情况。1999 年版的《中华人民共和国职业分类大典》将服务业职业分为 8 个中类，43 个小类，147 个职业。2015 年版的《中华人民共和国职业分类大典》重新对服务业职业进行统计，将服务业职业人员名称修订为"社会生产服务和生活服务人员"，其职业分类修订主要参照国民经济行业分类以及我国服务业发展现状，特别关注新兴服务业的社会职业发展，主要按照服务属性归并职业。修订后的第四大类包括 15 个中类、93 个小类、278 个职业。与 1999 版相比，增加了 7 个中类、50 个小类、81 个职业，如软件和

---

[1] 中国国际经济交流中心课题组. 互联网革命与中国业态变革 [M]. 北京：中国经济出版社，2016：174.

[2] 高新民，安筱鹏. 现代服务业：特征、趋势和策略 [M]. 杭州：浙江大学出版社，2010：121-122.

信息技术服务业、电信或其他信息传输服务业、专业技术服务业、科技推广与应用服务、研究与试验发展、租赁业、商业服务业、货币金融服务、资本市场服务、房地产、文化教育、旅游、医疗保健和社会福利业等。

由此可知，新兴服务业的发展促进了新的服务业职业和就业岗位的增加。国际知名招聘顾问公司 Michael Page 发布的《2019 中国薪酬标准指南》数据显示，截至 2019 年，科技与数字化相关就业岗位在近年来持续占据主导地位，在过去的 12 个月，技术领域发布的职位数量增长了 20%。随着数字技术的发展、营销能力向各行业岗位的不断渗透，对具有市场营销和技术经验的人才需求将持续保持强劲。除了科技与数字营销领域，金融服务领域也出现类似的人才需求增长。报告显示，过去 12 个月，银行与金融领域发布的职位数量增长了 35%。此外，在技术、媒体和电信以及医疗保健行业的风险管理和投资领域，人才需求持续增长。[1]

第二节　现代服务业高技能人才供给规模不足

一、现代服务业高技能人才存量不足

劳动力市场现代服务业高技能人才供给不足，供给数量低于需求数量。从市场对现代服务业高技能人才的需求情况来看，《2018 年第一季度部分城市公共就业服务机构市场供求状况分析》报告数据显示，从现代服务业技能人才需求侧分析，与 2017 年同期相比，租赁和商务服务业、科学研究技术服务和地质勘查业、房地产业、信息传输计算机服务和软件业等现代服务业行业的用人需求增长幅度较大。[2] 现代服务业具体行业的高技能人才供给情况如下。

以基础服务业中的信息技术服务业为例，信息技术服务型高技能人才供给数量短缺。例如，浙江省服务业高技能人才供给不足，仅占服务业从

---

[1] Michael Page. 2019 中国薪酬标准指南 [R]. 2019-03-26.
[2] 中国人力资源市场信息监测中心. 2018 年第一季度部分城市公共就业服务机构市场供求状况分析 [R]. 2018-05-07.

业人员总数的 2.23%，其中信息传输、计算机服务和软件业等现代服务业高技能人才比值更少，高技能人才培养不足 1%。[①]

在生产性服务业中，以现代金融业和现代物流业为例，高技能人才供给数量短缺。例如，2012 年，上海金融服务业从业人员调查显示，基础型的金融人才培养较为充裕，而保险精算、资产信托、投资分析、核保审赔、金融工程等领域的高技能人才异常匮乏。[②] 再如，《浙江省人民政府关于印发浙江省"十二五"物流业发展规划的通知》中指出，高端人才缺乏和体制政策障碍是浙江省物流业发展的主要瓶颈，浙江省现有物流企业中约 50% 的从业人员是从传统物流储运企业转型而来，物流计划与分析服务、存货计划与控制服务、运输管理、物流工程管理等高技能人才十分缺乏。[③] 深圳市物流与供应链管理协会的调查显示，深圳近半数的物流企业缺少高层次现代物流人才。

在个人消费服务业中，以文化创意产业为例，当前我国文化创意产业人才培养存在初级人员多，高级创意人才匮乏的现实问题。[④] 2012 年，广东省文化创意产业高技能人才数据显示，动漫产业高技能人才占文化及相关产业从业人员的百分比为 0.24%，创意设计和工艺美术业为 0.28%，文化旅游业为 0.06%，文化创意产业高技能人才缺口较大。[⑤] 以现代养老服务业为例，2013 年，我国现代养老服务业数据显示，高达 66.7% 的养老服务人员是初中及以下学历，他们从事中低端的护理工作，服务技能较差；而宜居社区、老年旅游、老年文化等新兴领域的高技能人才供给严重不足，无法在专业保健、康复护理、精神慰藉、社会参与等方面为老年人提供个性化服务。[⑥]

在公共服务业中，以公共医疗服务业为例，2015 年浙江省基层医疗卫

[①] 吕宏芬，王君. 高技能人才与产业结构关联性研究：浙江案例 [J]. 高等工程教育研究，2011 (1)：67-72.
[②] 杨力. 中国经济转型背景下现代服务业人才培养战略研究 [J]. 改革与战略，2014 (4)：127-131.
[③] 浙江省人民政府. 浙江省人民政府关于印发浙江省十二五物流业发展规划的通知 [Z]. 2011-06-14.
[④] 张东航. 关于当前文化创意产业人才"三多三少"现象的对策思考 [J]. 艺术百家，2015 (5)：106-109.
[⑤] 谭菲. 广东省文化创意产业人才现状与策略 [J]. 科技管理研究，2014 (21)：127-131.
[⑥] 杨力. 中国经济转型背景下现代服务业人才培养战略研究 [J]. 改革与战略，2014 (4)：127-131.

生机构公共卫生人才现状调查发现，浙江各地区公共卫生人才招聘困难，尤其是经济欠发达地区，其应招聘而未招聘率高达94.0%，未招满的主要原因是没有预防医学专业毕业生应聘，①公共医疗服务业的高技能人才供给数量严重不足。

二、现代服务业高技能人才增量缓慢

高技能人才增量主要是靠高职院校人才培养实现，而高职院校现代服务业人才招生、培养数量还难以满足现代服务业快速发展的需求。高职院校是高技能人才的供给主体和培养主体，高技能人才供给规模与现代服务业需求的对接问题可以通过高职院校在现代服务业相关专业的招生数量与现代服务业人才需求数量的差值运算，即供需缺口来体现。供需缺口值为正，说明高等职业教育的人才供给大于现代服务业的人才需求；供需缺口值为负，说明高等职业教育的人才供给小于现代服务业的人才需求。

表4-4选取了六种具有典型现代服务特征的行业门类作为现代服务业的衡量标准，②并提供了六种典型现代服务业高技能人才高职院校招生规模和人才需求数量的信息，主要包括2009年六种典型现代服务业高技能人才数量供需情况，以及对2020年六种典型现代服务业高技能人才需求的预测情况。③

表4-4　　六种典型现代服务业高技能人才数量供需情况　　　　单位：人

六种典型现代服务业	2009年高职院校招生规模	2009年分行业需求	2009年分行业供需缺口	2020年分行业需求
信息传输、软件和信息技术服务业	214919	662055	-447136	495311
金融业	345855	386848	-40993	133411
科学研究和技术服务业	26558	204881	-178323	938064

---

① 丁烨，钟要红，范春红，等.浙江省基层医疗卫生机构公共卫生人才现状及需求[J].浙江医学教育，2017（2）：1-3.
② 高新民，安筱鹏.现代服务业：特征、趋势和策略[M].杭州：浙江大学出版社，2010：41.
③ 孙诚.中国职业教育发展报告2012[M].北京：科学教育出版社，2013：258.

续表

六种典型现代服务业	2009年高职院校招生规模	2009年分行业需求	2009年分行业供需缺口	2020年分行业需求
教育	162639	215982	-53343	888646
卫生和社会工作	131884	191844	-59960	391787
公共管理、社会保障和社会组织	15872	94121	-78249	973021
合计	897727	1755731	-858004	3820240

资料来源：根据《2009年全国高职院校人才培养工作状态数据分析报告》《中国职业教育发展报告（2012）》整理而得。

表4-4显示，2009年全国六种典型现代服务业分行业供给人数均不能满足需求，供需缺口总人数达到858004人，现代服务业高技能人才供应数量严重不足。2020年分行业需求人数保持增长态势，将达到3820240人。比较2020年分行业需求人数，总体上现代服务业高技能人才需求数量持续增长，若高等职业教育不能增加现代服务业人才招生数量，现代服务业高技能人才的供需缺口将持续扩大，高等职业教育现代服务业人才供给将严重不足，难以满足现代服务业发展的人才需求。

第三节　优化现代服务业高技能人才数量供给路径

一、加强人才供给顶层制度设计

发展现代服务业是国家战略。贝尔的后工业社会理论明确指出，服务业发展对人力资源具有高度相倚性。一系列国家政策均强调人才在现代服务业发展的重要作用。高技能人才是现代服务业发展的重要人力资源。高职院校承担着培养现代服务业高技能人才的重任，引领并助推现代服务业发展是高职院校不可推卸的社会责任。现代服务业科技发展"十二五"专项规划明确要求，要根据服务业加快发展趋势，逐步提高面向服务业的职业教育比重，重点加强服务金融、物流、商务、医疗、健康和高技术服务等现代服务业的职业教育，培养具有较高文化素质和技术技能素质的新型服务人才。坚持以提高质量、促进就业、服务发展为导向，加快发展与现代服务业相适应、产教深度融合的现代职业教育，已经成为经济发展方式转型的诉求。国家和各级政府要充分认识到职业教育在现代服务业发展中的重要作用，充分发挥职能，加强政策和制度顶层设计，为职业教育现代服务业高技能人才供给规模的扩展提供战略指导和政策支持。政府主管部门应加强宏观指导，按照国家对现代服务业发展的整体规划，科学合理、因地制宜进行专业布局与调整，淘汰与市场需求不符合的专业，适当增加新专业，以满足现代服务业的发展需要。

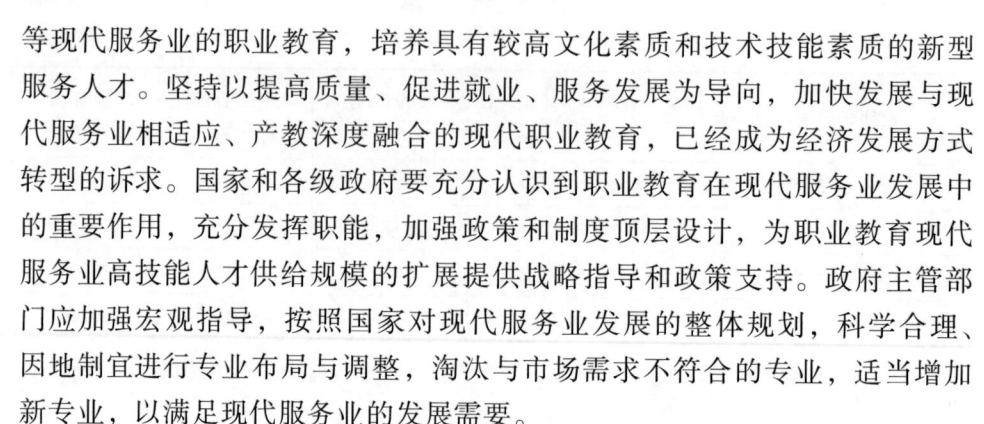

（一）制定职业教育规模建设与发展战略

政府要根据服务经济发展趋势和制造业转型升级新趋势，出台现代服务业高技能人才发展规划，为相关战略提供配套措施。从政策上鼓励高职院校大力培养紧缺现代服务业高技能人才服务国家战略和地区经济发展。政府在制定职业教育规模建设与扩展战略前，应开展相关的实践调研。一方面，开展现代服务业高技能人才需求规模调研，准确了解现代服务业高技能人才需求规模的总体情况、区域情况以及行业情况等具体需求情况，并对未来规模需求情况进行预测，了解未来规模需求情况的变化。另一方面，开展高职院校现代服务业高技能人才供给规模的总体情况、区域情况和专业情况等具体供给情况，判断高职院校的现实状况是否具备规模建设与发展的能力，预测高职院校在规模建设与发展方面存在的优势及问题。

在了解现代服务业规模需求情况和高职院校现代服务业高技能人才规模供给能力的基础上，对职业教育规模建设与发展进行全局策划，为高职院校提供行动指导，制定职业教育规模建设与发展战略。首先，应明确职业教育规模建设与扩展战略目标是为了发展高职院校现代服务业高技能人才供给规模，以满足现代服务业的需求数量。其次，不同的区域和行业对现代服务业高技能人才的需求规模存在差异，战略应根据差异对分区域和分行业进行职业教育规模建设与发展策划。最后，战略需要预测高职院校在发展现代服务业高技能人才供给规模时可能面临的挑战，并给出相应的解决方案，为高职院校提供可靠的行动指导。

（二）建立职业教育规模建设与发展相关政策

职业教育规模建设与发展相关政策以权威形式规定在一定的历史时期内，应该达到的建设与发展目标、遵循的行动原则、完成的明确任务、实行的工作方式以及采取的一般步骤和具体措施，能够帮助高职院校现代服务业高技能人才供给规模发展目标的有效实现。

政策应明确规定职业教育建设与发展的目标，如在某个时期内必须应达到的现代服务业高技能人才供给数量；确定应遵循的行动原则，包括一般职业教育政策统一遵循的原则，以及与现代服务业高技能人才供给相关的特别原则。例如，高职院校现代服务业高技能人才供给应以现代服务业发展需求作为前提；设置职业教育建设与发展行动主体必须完成的明确任务。如企业主体方面应提供现代服务业高技能人才需求的具体数量，行业组织主体方面应预测现代服务业高技能人才需求规模的具体情况，高职院校应分析本院校在发展现代服务业高技能人才规模方面的能力与挑战等。确定完成职业教育建设与发展目标的工作方式，包括各行动主体的单独工作方式，也包括不同行动主体的协作工作方式。采取的一般步骤和具体措施应根据行动主体前期提交的现实情况，建立包括现代服务业专家与职业教育专家的智囊团，通过专家的智力支持确定相应的步骤和措施，为企业和高职院校提供行动指导。

二、媒介融合大力宣传现代服务业

职业教育的社会舆论环境是影响高等职业教育规模发展的重要因素，社会媒体传播在增强职业教育吸引力方面具有重要的作用。增加面向服务业的人才规模需要让社会了解服务经济的未来发展前景和现代服务业的战略地位。

由于我国职业教育建立在工业基础之上，制造业人才培养占据主导地位。在社会民众的认知中，高等职业教育主要培养"操作技工"，这在一定程度上降低了职业教育的吸引力。全球发达国家已经进入服务经济时代，发达国家的服务业从资本和劳动密集型向知识和技术密集型转型，服务业的知识化、技术化、信息化、智能化等发展态势日益明显。服务业增长从传统依靠资本、劳动力驱动转型为主到依靠专业性知识和技术驱动。现代服务业创造了无数新型工作岗位，工作世界发生了根本性的改变，工作环境、工作性质和工作报酬发生了巨大改变。商业模式创新成为现代服务业竞争的核心要素，行业融合、垂直整合、平台经济、特种定制、一站式集成服务将成为未来主导作用的商业模式。现代服务业是高知识密集型、高技术密集型、高互动性的工作世界，"知识工人"改变了无数人的工作和生活。高职院校要依靠现代传媒的力量，职业教育传播活动中要重视新兴媒介的运用。作为职业教育重要目标受众的初高中学生及职业院校学生是生长在新媒体环境下的数字原住民，对手机、网络等新媒介的使用远远超过对报纸、电视等传统媒介的使用。在新的媒介格局下，职业教育传播必须重视对新兴媒介如微信、微博、网络视频等的创新运用，才能有效获取"网生代"受众群体的注意力资源。大力宣传现代服务业的新型工作类型和发展前景，改变职业教育的公众刻板印象，改变公众对传统服务业的负面认知，吸引更多年轻人成为服务社会的"知识工人"。

另外，职业教育传播需增强针对性和有效性，查明不同受众群体的需求和兴趣，为其定制分众化传播内容，以细分化、独特化传播内容占领不同受众群体的传播市场。例如，向不同受众传播"现代服务业对经济社会发展的重要性"时，对学生、家长、社会潜在学习者的传播内容应以"现代服务业对于个人发展的重要意义"为主，重点宣传高职院校学生的成功案例、职业教育改革成果、职业教育未来发展、新的就业形势、职业教育学费减免政策等；对企业负责人应以"校企合作相关政策、职业教育对企业发展的意义、校企合作成功案例"等为主要传播内容。

三、高职院校科学制定招生与培训计划

扩张现代服务业高技能人才供给规模取决于高职院校对现代服务业战略地位的认知和重视。高职院校需要从更宏大更长远的国家战略高度对职业教育发展做出科学谋划并切实落实，审视、分析、调整当前的招生计划，制定适应现代服务业发展的招生计划。

（一）了解现代服务业的战略地位

发展现代服务业是全球经济发展趋势，发达国家已经从工业经济进入服务经济时代，现代服务业是发达国家服务经济的重要组成部分。当前全球产业结构由"工业经济"向"服务经济"加速转型，现代服务业发展日新月异。以云计算、大数据、移动互联网、物联网、务联网和新型终端技术等为代表的新一代信息技术正带动服务计算、知识图谱等技术的应用，为现代服务业发展提供了更好的技术基础和更大的发展空间。新材料、装备、能源及生物技术等领域不断取得突破，信息技术与各个领域交叉融合的速度正在加快，促使第一产业、第二产业与现代服务业更加深度融合，催生云制造、数字医疗等新业态，现代服务业呈现出"跨界融合"的新态势与新特征。商业模式创新成为现代服务业竞争的核心要素，行业融合、垂直整合、平台经济、特种定制、一站式集成服务将成为未来发挥主导作用的商业模式。[1] 在国际竞争日趋激烈和发展动力转换的形势下，我国经济结构中的服务业比值正在不断加大，现代服务业在保持经济增长、促进转型升级中承担的任务更加艰巨，必须坚持创新发展，推动生产性服务业向专业化和价值链高端延伸、生活性服务业向精细和高品质转变，实现服务业优势高效发展，不断释放经济增长新动能。

高职院校必须充分认识到现代服务业的重要地位，在招生和培养计划制订过程中重点满足现代服务业人才需求。例如，浙江某职业学院 2002 年 1 月正式建院，全国首批"国家示范性高职院校建设单位"，主要为金融行业培养高素质技能型人才。浙江金融职业学院紧紧抓住高等职业教育大发展、金融产业大繁荣的有利时机，积极创新办学理念与发展思路，人才培养质量和整体办学实力实现跨越式发展。学院下设明理学院、公民素质教育学院、国际交流学院、浙江农村合作金融学院、浙商银行培训学院、金融投资学院等 12 个特色培养机构，截至 2018 年 9 月，学院共有教育部、财政部重点建设专业 3 个，分别为金融管理与实务、保险实务、会计；浙江省优势专业 3 个，分别为金融管理与实务、会计、国际贸易实务。浙江省高职高专重点建设专业 1 个。主持金融专业国家教学资源库、国际贸易

---

[1] 科技部."十三五"现代服务业科技创新专项规划［Z］.2017-04-14.

专业国家教学资源库。①

（二）扩大现代服务业高技能人才培养的招生来源

2019年政府工作报告指出，改革完善高职院校考试招生办法，鼓励更多应届高中毕业生和退役军人、下岗职工、农民工等报考，2019年大规模扩招100万人。扩大高职院校奖助学金覆盖面、提高补助标准，加快学历证书和职业技能等级证书互通衔接。改革高职院校办学体制，提高办学质量。中央财政大幅增加对高职院校的投入，地方财政也要加强支持。现代服务业是经济发展的新动力，其专业性人才的培养对象也应对准应届高中毕业生、退役军人、下岗职工和农民工，以扩大现代服务业人才培养规模。例如，河北省委全面深化改革委员会通过了《关于推行终身职业技能培训制度加快技能强省建设的实施意见》，其主要提出，实施现代服务业技能培养启航计划，加强会展、物流、旅游、餐饮等从业人员职业技能培训，2019～2022年，每年培养现代服务业领域技能人才不低于5万人。服务对象主要面向高校毕业生、农民工、去产能企业职工、失业人员、转岗职工、贫困劳动力、退役军人、残疾人、服刑和强制隔离戒毒人员等群体，广泛开展就业技能培训，增强他们的就业能力，实现高质量就业。

（三）以专业为依托扩大新兴服务业高技能人才招生和培养规模

我国已经步入工业化中后期，创新驱动发展对现代服务业特别是生产性服务业的依赖性增强。基于互联网深度应用催生的众多新服务业态，正推动农业、制造业逐渐走向高端化。电子商务、现代物流、互联网金融、精准医疗等新兴服务业不断兴起，成为经济发展新动力。高职院校要充分了解现代服务业发展新趋势、新模式和新业态，围绕现代服务业发展重大需求，在电子商务、现代物流、现代金融、健康养老、智慧交通文化旅游服务、文化创业设计等新兴服务业领域增加招生比值，扩大招生规模，培养社会亟须的技术技能人才。例如，2018年湖南省在教育部关于高等职业教育专业设置备案

---

① 浙江金融职业学院. 学院介绍 [EB/OL]. [2018-08-18]. http://www.zfc.edu.cn/xyjs.aspx?ckind=11&ckind2=12.

中所登记的开设金融类专业的高职院校一共21所。在下属的二级专业中，主要以金融管理、投资与理财专业为主，其中金融管理专业开设学校为15所，占已开金融专业高职院校总数的71%；投资与理财专业开设学校为8所，占总数的38%。互联网金融专业开设学校为4所，仅占总数的19%。高职院校应主动调整专业布局，扩大新兴服务业人才招生和培养规模。①

（四）校企合作培养现代服务业技术技能人才

后工业社会理论认为，专业技术人才是后工业社会的核心力量。新一轮科技革命和产业变革要求现代服务业必须加快形成技术体系，不断提高生产效率和服务效益。当前现代服务业的发展更多地依赖新兴技术驱动，网络信息技术全面深入应用使得消费方式向全空间、个性化方向发展，流通方式向集中化、直接化方向发展，生产方式向定制化、专业化、分散化方向发展。现代服务业的全球网络化、专业社会化、跨界融合化发展趋势特征日益明显，跨域型、平台型高新技术成为现代服务业的重要支撑。必须加快发展以移动互联网、物联网、务联网和新型终端等为代表的新技术体系，满足服务业创新的需求，提升服务业产品、产业创新的整体水平。高职院校要抓住现代服务业转型升级的技术创新需求，开展劳动力技术技能培训，提升劳动力技术技能水平。

例如，常州某技术学院现设电子商务、财务信息管理、物流管理、营销与策划、国际经济与贸易、工商企业管理、企业资源计划管理七个专业，拥有注册会计师、ERP工程师、律师、证券投资分析师等资格的双师型教师近50名，有副高以上职称人员15名，致力于培养高素质技能型商务类、管理类专门人才，目前在校生1800人。其中，经贸管理学院与阿里巴巴、用友、鼎捷等国内知名企业，与华威、顶呱呱等常州及周边地区的企业深度合作，搭建了校内外相结合的立体化实践教学平台，拥有80余家校外课程实习、技能实训和工学结合顶岗实习基地。校内建有设施先进的制造业信息化人才培训基地、供应链管理技术应用实训基地、电子商务模拟运营中心、网络创业孵化中心、商务贸易综合实训中心、物流运作实训中心、客服技能培训中心、图像采集处理中心等。

---

① 湖南省教育厅.关于公布2018年高等职业教育专业设置备案结果的通知［Z］.2018-02-12.

第五章

现代服务业高技能人才结构供给路径

人才结构是现代服务业人力资源供给的关键要素。产业结构演进趋势是确定高职院校人才结构的基本依据,主导产业决定了人才结构的分布规律。首先,本章分析了产业结构和服务业结构的演进特征,强调高职院校人才供给结构需要主动适应产业结构;其次,运用天津市现代服务业数据分析人才供给结构与需求结构失衡问题;最后,提出了调整现代服务业高技能人才结构的供给路径。

第一节 产业结构演进趋势

一、三次产业演进趋势

主导产业的种类决定了产业结构演进的趋势,经济发展过程经历了从农业为主导、工业为主导,再到服务业为主导的发展历程。不同的经济发展阶段便会产生相应的产业发展条件和环境,要求特定的主导产业与之相适应,反过来又推动经济的发展。特定时期的主导产业是特定的发展条件和环境选择的结果。一旦条件和环境发生改变,原有的主导产业对经济发展的带头作用就会减弱,必然会被新的主导产业所替代。因此,主导产业是不断转换的。主导产业的划分是经济发展不同阶段的标志,也是研究产业结构演进规律性特征的一条重要线索。

美国著名经济史学家沃尔特·罗斯托(Walt Rostow)通过长期的研究,

首次提出了主导产业转化的规律：在经济发展过程中，有特定的主导产业在支配着经济的运行，主导产业的种类决定了产业结构的主要类型和产业结构变化的规律。在通常情况下，一国或地区主导产业的转换是按照以下路线进行更替的：最初农业为主导，轻纺工业为主导、原料工业和燃料动力工业等基础工业为重心的重化工业为主导、低度加工组装型的重化工业为主导、高度加工组装型工业为主导，现代服务业为核心的第三产业为主导，最后信息产业为主导。其中，轻纺工业为主导、原料工业和燃料动力工业等基础工业为重心的重化工业为主导、低度加工组装型的重化工业为主导、高度加工组装型工业为主导等阶段均属于工业经济发展阶段；信息产业为主导的阶段属于服务经济发展阶段。因此，在罗斯托的主导产业转化规律的基础上，将当前我国的产业结构演进规律划分为以下三个阶段：

第一阶段是以农业为主导的阶段：农业产值和农业人口劳动力在国民经济和社会总就业人数的比值占有绝对优势地位；相反，第二产业和第三产业发展均很有限，这与当时的社会背景有关，工业制造业仅仅用于战争和为少数贵族所享用，在政策方面也广泛推行重农抑商。

第二阶段是以工业主导的阶段：该阶段又分为以轻纺工业为主导的阶段、以原料工业和燃料动力工业等基础工业为重心的重化工业为主导的阶段、以低度加工组装型重化工业为主导的阶段和高度加工组装型工业为主导的阶段。

第三阶段是以现代服务业为驱动力的第三产业主导阶段：第三产业得到快速发展，尤其是现代服务业发展速度明显加快，产值占比和就业占比都较大，逐步成为国民经济的主导产业。第二产业的发展速度有所放缓，在国民经济中的比值稳中有降，开始低于第三产业比值。第三产业的内部结构变化也较为明显，传统服务业比值下降明显，基于知识和信息的新兴服务业和高技术服务业保持较快发展，已经成为驱动我国经济和社会发展的新动力。[1]

二、服务业结构演进趋势

服务业内部结构升级趋势体现为服务业从劳动密集型的传统服务业转

---

[1] 段敏芳，郭忠林. 产业结构升级与就业 [M]. 武汉：武汉大学出版社，2013：52-54.

向知识密集型的知识、技术含量高的现代服务业。从产业的投入要素来看，农业主要受自然资源要素约束，制造业主要受物质资源要素约束，传统服务业主要受劳动力要素约束，而现代服务业从业人员所具有整体上的高学历、高职称、高薪水特征，因此现代服务业主要受人力资本要素约束。服务业结构演变的总体趋势，是沿着传统型服务业、多元化服务业、现代型服务业、信息产业、知识产业的方向演进。服务业结构演进的一般规律可以概括为以下三个阶段：

第一阶段：随着国民收入的增长，服务业规模日益扩大，其产值占比也日益提高，且服务业具有强劲的吸纳就业的能力，使得服务业就业人数占全社会劳动力人数的百分比也日益提高。

第二阶段：随着社会分工向高度专业化及一体化方向发展，各种服务性劳动也从生产过程中分离出来，成为独立的部门，形成了种类繁多、层次复杂的社会服务，服务部门朝着多元服务业方向发展。各种服务业的独立性、标准化、自动化趋势迫使服务业以现代化的面貌出现，产生了现代型服务业。

第三阶段：社会服务需求的不断积累，促进新技术的发明和应用，又引起了需求的手段、方式的不断变化和进步，导致整个社会系统中商品流、资金流和信息流的高速运行，为了快速、准确、畅通无阻地保持系统良好运行，在流量不断增大、流程不断延伸、流速不断加快的情况下，新兴服务业由此产生，出现了具有规模的现代化信息、咨询和科技产业。服务业逐步进入到信息产业、知识产业的发展阶段。[①]

三、高等职业教育结构适应经济结构

教育社会学研究认为，经济结构是影响教育结构的关键要素。在不同的经济发展阶段，教育呈现不同的结构特征。高等职业教育作为一种教育类型，其结构一直随着经济结构的变化而变化。

工业社会经济结构的科技含量日益增多，其中心标志是生产者的技术装备水平迅速升级，其力量、精确度及灵敏度以及相应的复杂程度不断更

---

① 段敏芳，郭忠林. 产业结构升级与就业［M］. 武汉：武汉大学出版社，2013：61-62.

新换代，各种机器的劳动越来越多地代替了生产者的手工劳动，使生产效率成倍、成十倍地提高。以工业为主体的产业结构；体力劳动比值减少，脑力劳动比值增多；经济发展的基础由劳动密集不断转向资本密集并逐渐转向知识密集。与工业经济社会发展特征相符合的教育以工厂为范式建立，其标准化、专业化、同步化、集中化等特征均是工业化模式的体现。专门的高等职业教育学校在这一时期产生，工业人才操作的生产技术装备日趋"高端化"和"专业化"，劳动分工更加细化，要求高等职业教育通过建立与工业经济相适应的专业结构来培养各类从事生产工作的高技能人才。

服务经济社会的知识与技术密集型明显，集中体现在高技术、知识、服务、信息情报等软件要素的重要性增强，而物品、能源等要素的重要性降低。劳动密集型人才需求下降，占主流的是知识和技术密集型人才，因此，服务经济社会也被称为后工业社会、知识社会、信息社会。同时，服务经济社会变动急剧化，技术产品的创新与淘汰、产业的新建与转型、组织的新设与衰退、网络的新构与弃置等，均非工业经济社会所比拟，这使服务经济社会的经济结构更加多元化。[1] 与工业经济时期相比，出现了更多的服务业行业以及相关职业，人类的劳动分工更加复杂。这种变化要求高等职业教育在原有的专业结构上增加服务业相关专业，在培养从事各类生产工作的高技能人才的同时，也培养从事各类服务工作的高技能人才。

高等职业教育应适应经济结构的转变，调整专业结构以适应产业结构转型，增加服务业相关的专业数量。与此同时，进入服务经济时代后的经济结构仍处于不断演变的状态，表现为服务创新带动的现代服务业和新兴服务业的发展，以及传统服务业向现代服务业转变过程中的萎缩。现代服务业成为服务经济的发展主体，传统服务业人才需求减少，现代服务业人才需求剧增。与此相应的，高等职业教育应调整专业结构以适应服务业结构的变化，减少传统服务业相关的专业数量，增加现代服务业和新兴服务业相关的专业数量，适应现代服务业中不同行业的发展，为不同行业的现代服务业提供适应的人才。

---

[1] 吴康宁，瞿葆奎. 教育社会学 [M]. 北京：人民教育出版社，1998：62-66，70.

第二节 高职院校现代服务业高技能人才供给结构问题

一、专业结构调整滞后于产业结构转型

高职院校的专业结构必须从经济和社会发展出发，根据国家经济社会发展趋势而灵活调整和设置专业，是高等职业教育的一个重要特色。[①] 经济发展水平决定着劳动力需求总量，产业结构决定着劳动力的需求结构。产业结构的变化必然引起产业及行业之间工作技能的迁移，从而导致劳动力培养需求的变化。[②] 产业结构的专业化分工改变了劳动力需求的类型和规格。随着产业结构的升级、社会分工专业化程度的提高，人才需求的类型和规格多样化，新的专业技术性岗位不断产生。[③] 专业是职业教育培养人才和服务经济社会的载体。[④] 因此，产业结构通过劳动力需求结构影响着职业教育专业结构。以天津市为例，通过对比2013~2017年天津市高职院校与三次产业相关的专业点数变化情况与三次产业生产总值占比变化情况，分析高等职业教育的专业结构与产业结构的匹配问题。分析发现，当前高职院校的专业结构设置与产业结构转型趋势不匹配。

图5-1显示了2013~2017年天津市高职院校第一产业相关专业点数与第一产业生产总值占比的对比情况。由图5-1可知，2013~2017年，天津市高职院校的第一产业相关专业点数占总体专业点数的0.39%和0.40%，说明高职院校在第一产业相关专业点数的设置上基本保持不变；从第一产业生产总值占比情况来看，2013~2017年，天津市第一产业的生产总值持续降低，但降低的幅度较小。对比第一产业相关专业点数的变化情况与第一产业生产总值占比的变化情况，由于第一产业生产总值降低幅

[①] 李艳娥，吴勇. 高职院校专业结构与区域产业结构适应性研究 [J]. 职业技术教育，2007，28 (31)：38-41.
[②] 范先佐. 教育经济学新编 [M]. 北京：人民教育出版社，2017：147.
[③] 李彬. 产业结构的调整与人才需求及其培养模式 [J]. 高等工程教育研究，2006 (5)：70-74.
[④] 马建富，周如俊，潘玉山，等. 职业教育专业结构与产业结构吻合度研究——以江苏省为例 [J]. 职业技术教育，2017，38 (15)：38-44.

度较小，而第一产业相关专业点数保持不变，则认为天津市高职院校第一产业相关专业点数设置与第一产业经济发展趋势较为匹配。

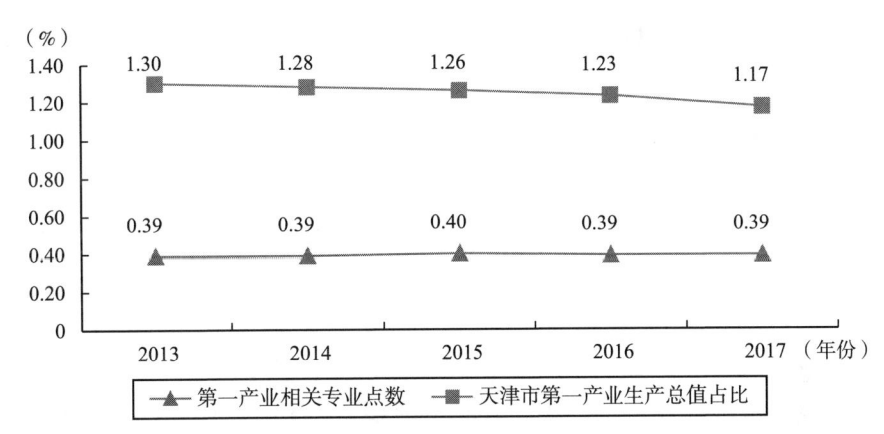

图 5-1 2013~2017 年天津市高职院校第一产业相关专业点数与第一产业生产总值占比情况

资料来源：根据教育部 2018 年《高等职业教育专业设置备案和审批结果》整理而得。

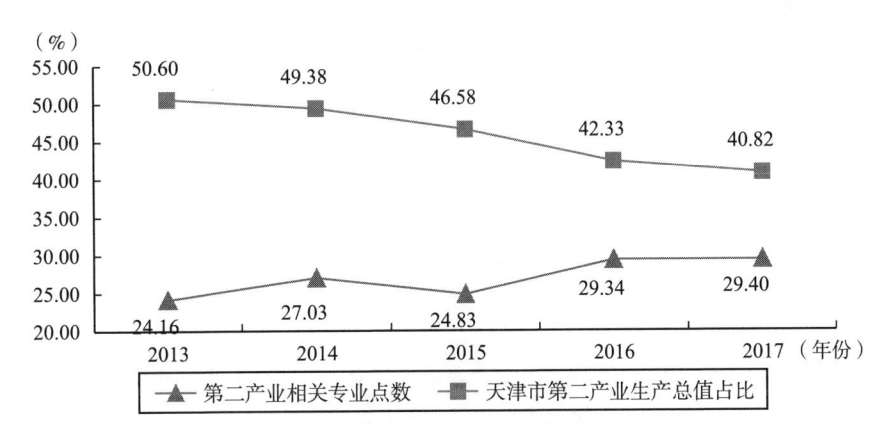

图 5-2 显示了 2013~2017 年天津市高职院校第二产业相关专业点数与第二产业生产总值占比的对比情况。由图 5-2 可知，2013~2017 年，天津市高职院校在第二产业相关专业点数设置方面变化的总体情况呈现逐渐

图 5-2 2013~2017 年天津市高职院校第二产业相关专业点数与第二产业生产总值占比情况

资料来源：根据教育部 2018 年《高等职业教育专业设置备案和审批结果》整理而得。

增长的形势,第二产业专业点占比从 2013 年的 24.16% 上升为 29.40%;从第二产业生产总值占比情况来看,2013~2017 年,天津市第二产业的生产总值占比持续降低,从 2013 年的 50.60% 降低为 2017 年的 40.82%。对比第二产业相关专业点数的变化情况与第二产业生产总值占比的变化情况,第二产业生产总值逐年降低,而第二产业相关专业点数却逐年增加,则认为天津市高职院校第二产业相关专业点数设置与第二产业经济发展趋势不匹配。

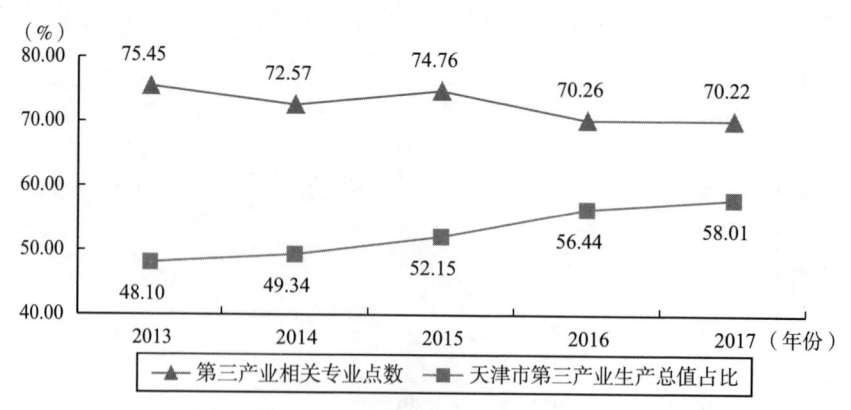

图 5-3 显示了 2013~2017 年天津市高职院校第三产业相关专业点数与第三产业生产总值占比的对比情况。由图 5-3 可知,2013~2017 年,天津市高职院校在第三产业相关专业点数设置方面变化的总体情况呈现逐渐减少的趋势,第三产业相关专业点数占比从 2013 年的 75.45% 降低为 70.22%;从第三产业生产总值占比情况来看,2013~2017 年,天津市第三产业的生产总值占比持续增加,从 2013 年的 48.10% 上升为 2017 年的 58.01%。对比第三产业相关专业点数的变化情况与第三产业生产总值占比的变化情况,第三产业生产总值逐年增加,而第三产业相关专业点数却逐年降低,天津市高职院校第三产业相关专业点数设置与第三产业经济发展趋势不匹配。

图 5-3　2013~2017 年天津市高职院校第三产业相关专业点数与第三产业生产总值占比情况

总体而言,通过以天津市为例,对三次产业生产总值占比的分析发现,产业转型现象明显，产业结构中工业占比降低，而服务业占比增加；但对高职院校专业点数的分析发现，专业结构中工业相关专业点数增加，而服务业相关专业点数降低。具体分析发现，第一，在农业人才需求与供给方面，近几年来，农业人才需求量减少，同时高等职业教育关于农业的专业点数也较低，其农业人才供给较少；高等职业教育与农业的人才供需情况基本保持稳定状态。第二，在工业人才需求与供给方面，工业生产总值下降，其人才需求量减少，但高等职业教育关于工业的专业点数却持续上升，表现出高等职业教育在专业设置方面的"工业化"路径依赖；高等职业教育与工业的人才供需情况存在不匹配问题，高等职业教育在工业方面的人才供给量过剩。第三，在服务业人才需求与供给方面，服务业生产总值明显上升，但高等职业教育关于服务业的专业点数却呈现下降趋势，并未与服务业保持同步增长。高等职业教育与服务业的人才供需情况存在不匹配的问题，高等职业教育还未将服务业作为人才供给的主体，在服务业方面的人才供给结构失衡。

由此可知，目前高等职业教育的专业结构仍以工业相关专业为主，服务业相关专业设置数量较少。然而经济发展过程中产业结构已从以工业为主转型为以服务业为主，在服务经济时代的经济结构中，服务业代替工业成为经济发展的主体，服务业人才需求成为经济发展人才需求的主体。高等职业教育还未适应经济发展过程中产业转型态势，其专业结构与产业结构转型存在不匹配问题。

二、服务业专业结构与服务业结构不匹配

以天津市为例，表5-1梳理了2016年天津市主要服务业的生产总值占比以及对应的高职院校服务业相关专业点数占比情况，通过对比以分析高等职业教育的专业结构与服务业内部结构的匹配问题。高职院校服务业相关专业点数占比情况表征高等职业教育与服务业相关的专业结构设置，第三产业生产总值占比情况表征服务业内部结构状况。

表 5-1　2016 年高职院校专业点数和天津市第三产业生产总值占比情况　　单位：%

主要服务业	专业点数占比	生产总值占比
教育、文化、体育和娱乐业	18.76	2.47
信息传输、软件和信息技术服务业	13.63	2.12
租赁和商贸服务业	15.38	5.13
交通、运输和邮电业	5.53	4.06
卫生和社会工作	3.78	2.35
公共管理、社会保障和社会组织	1.48	2.40

资料来源：根据教育部 2016 年《高等职业教育专业设置备案和审批结果》和《天津统计年鉴（2017）》整理而得。

图 5-4 整理了 2016 年高职院校专业点数和天津市第三产业生产总值占比的对比情况。

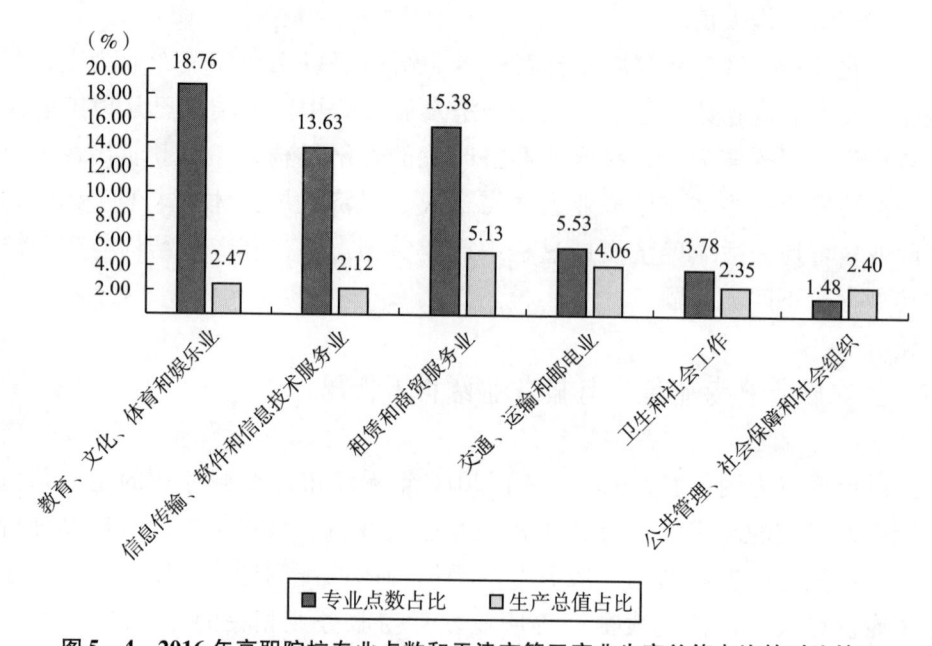

图 5-4　2016 年高职院校专业点数和天津市第三产业生产总值占比的对比情况

资料来源：根据教育部 2016 年《高等职业教育专业设置备案和审批结果》和《天津统计年鉴（2017）》整理而得。

通过分析图 5-4 发现，高等职业教育专业结构与服务业内部结构存在不匹配问题。目前，高等职业教育在服务业相关专业的设置中，专业点数过多集中于教育、文化、体育和娱乐业，信息传输、软件和信息技术服务业以及租赁和商贸服务业三类服务业；在交通、运输和邮电业以及卫生和社会工业两类服务业的专业点数量次之；在公共管理、社会保障和社会组织的专业点数量最少。总体来说，高等职业教育在主要服务业专业设置的专业结构呈现倒三角结构。然而，在生产总值占比方面主要服务业并不是倒三角结构，其中租赁和商贸服务业以及交通、运输和邮电业的生产总值占比最大，其次是教育、文化、体育和娱乐业，公共管理、社会保障和社会组织以及卫生与社会工作，占比最少的是信息传输、软件和信息技术服务业。高等职业教育有关不同类别服务业的专业结构与服务业内部的类别结构不相匹配。

三、现代服务业专业结构与现代服务业结构不匹配

以天津市为例，梳理了高职院校现代服务业专业招生占比情况与天津市现代服务业产值占比情况，通过对比以分析高等职业教育的专业结构与现代服务业内部结构的匹配问题。高等职业教育专业招生结构与现代服务业内部结构的匹配问题可以通过高职院校现代服务业相关专业招生数量占比与现代服务业产值占比的差值运算来量化体现。[1] 差值越小，表明高等职业教育专业结构与现代服务业结构越匹配；差值越大，表明高等职业教育专业结构与对应的现代服务业结构越不匹配。不同类别现代服务业的产值占比的结构代表现代服务业的需求结构，高职院校在不同类别现代服务业的招生占比的结构代表高等职业教育的专业结构。将天津市现代服务业分为基础服务业、生产性服务业、个人消费服务业和公共服务业四大类，表5-2显示了天津市四类现代服务业与26所高职院校现代服务业相关专业招生结构的对比情况。[2]

---

[1] 刘正良. 江苏省现代服务业发展与高职教育改革 [J]. 职业技术教育, 2008 (16): 25-28.
[2] 许艳丽, 王岚. 高技能人才培养与现代服务业需求对接研究 [J]. 教育发展研究, 2014, 34 (19): 8-12.

表 5-2　天津市现代服务业结构与高等职业院校现代服务业高技能人才培养结构对比表

现代服务业功能分类	2011年现代服务业产值（亿元）	现代服务业产值占比（%）	2012年高职院校现代服务业高技能人才招生数（人）	现代服务业高技能人才招生占比（%）	现代服务业高技能人才招生占比与现代服务业产值占比之差（%）
基础服务业	172.10	3.30	4151	15.54	12.24
生产性服务业	1089.20	20.87	3958	14.81	-6.06
个人消费服务业	248.65	4.76	260	0.97	-3.79
公共服务业	362.85	6.95	475	1.78	-5.17
合计	1872.80	35.88	8844	33.10	-2.78

注：表中的"占比"是指现代服务业占服务业的百分比。基础服务业所对应的专业包括通信技术、计算机网络技术、计算机多媒体技术、软件技术等；生产性服务业所对应的专业包括国际金融、投资与理财等；个人消费服务业所对应的专业包括音乐表演（幼儿教育）等；公共服务业所对应的专业包括社区管理与服务等。

资料来源：根据《天津统计年鉴（2012）》、天津市高职院校2012年招生计划整理而得。

表 5-2 显示，天津市高职院校现代服务业相关专业招生结构与现代服务业内部产值结构不匹配。具体分析可知，第一，基础服务业的高等职业教育人才供需存在供过于求的问题，基础服务业的现代服务业产值的占比最小，为 3.30%，但其人才招生占比却最高，为 15.54%，说明天津市高职院校在基础服务业的人才供给远大于基础服务业发展的人才需求。第二，生产性服务业、个人消费服务业和公共服务业的高等职业教育人才供需存在供小于求的问题；生产性服务业的现代服务业产值占比在四类现代服务业中最大，为 20.87%，但其人才招生占比在四类现代服务业中排名第二；这三类现代服务业产值占比都高于基础服务业，但这三类现代服务业的人才招生占比却低于基础服务业。分析发现，现代服务业内部产值结构呈现从生产性服务业、公共服务业、个人消费服务业到基础服务业的倒三角结构，其产值占比依次减少；而高等职业教育现代服务业相关专业招生结构呈现从基础服务业、生产性服务业、公共服务业到个人消费服务业的倒三角结构，其招生占比依次减少。因此可知，高等职业教育专业招生结构与现代服务业内部结构存在不匹配的问题。

四、新兴服务业专业设置与新兴服务业需求不匹配

现代服务业是指以现代科学技术特别是信息网络技术为主要支撑，建立在新的商业模式、服务方式和管理方法基础上的服务产业。它既包括随着技术发展而产生的新兴服务业态，又包括运用现代技术对传统服务业的改造和提升。其中，新兴服务业是伴随着信息网络技术的发展、社会分工的细化和消费结构的升级而产生的新的服务形态。[①]

新兴服务业在中国未来国民经济中具有主导战略地位，是对未来经济社会发展与国家安全具有深远意义的新兴产业。[②] 在技术追赶和创新成为经济增长新动力的背景下，新兴服务业成为新动力。新兴服务业包括两类，一类是直接因信息化及其他科学技术的发展而产生的新兴服务业形态，如计算机和软件服务、移动通信服务、信息咨询服务、健康产业、生态产业、教育培训、会议展览、国际商务、现代物流业等；另一类是通过应用信息技术，从传统服务业改造和衍生而来的服务业形态，如银行、证券、信托、保险、租赁等现代金融业，建筑、装饰、物业等房地产业，会计、审计、评估、法律服务等中介服务业等。在服务业体系中，旅游、交通运输、信息通信和金融保险服务将成为贡献率最高的行业。[③]

信息技术服务业是典型的新兴服务业，以信息技术服务业为例来分析高等职业教育新兴服务业专业设置与新兴服务业行业需求的匹配问题。例如，云计算产业是中国增长最快的新一代信息技术产业之一，对高技能人才的需求比值逐年提高。资料显示，2015 年教育部《普通高等学校高等职业教育（专科）专业目录》中新增了云计算技术及应用专业。但是，全国高职院校中开设"云计算"相关专业方向的院校数量相对较少，专业开设时间较晚，一些高职院校中"云计算"仅是计算机网络技术、软件技术等相关专业下设的一个方向，并没有形成独立的专业，见表 5-3。

[①] 国家科技部. 现代服务业科技发展"十二五"专项规划 [Z]. 国科发计〔2012〕70 号. 2012-02-22.
[②] 夏杰长. 中国新兴服务业发展的动因与政策建议 [J]. 学习与探索，2012（5）：74-78.
[③] 中国职业技术教育学会课题组. 从职教大国迈向职教强国——中国职业教育 2030 研究报告 [J]. 职业技术教育，2016，37（6）：10-30.

表 5-3　　　全国部分高职院校下设的"云计算"相关专业方向

学校名称	设立学院	专业/方向	专业开设时间
哈尔滨信息工程学院	软件学院	云计算技术与应用	2012 年
苏州职业大学	计算机工程学院	计算机网络技术（云计算方向）	2014 年
内蒙古电子信息职业技术学院	软件工程学院	软件技术（云计算方向）	2015 年
山东科技职业学院	通信与信息工程学院	软件技术（云计算方向）	2015 年
广州科技贸易职业学院	信息工程学院	云计算技术与应用	2016 年
滨州职业学院	信息工程学院	计算机网络技术（云计算技术与应用方向）	2016 年

资料来源：根据教育部 2015 年《普通高等学校高等职业教育（专科）专业目录》整理而得。

　　人工智能产业是典型的信息技术服务业，其发展与竞争以人工智能相关专业人才为根本。作为国家未来的发展方向，人工智能技术对于经济发展、产业转型和科技进步起着至关重要的作用。[①] 2017 年 12 月 4 日，腾讯研究院与 BOSS 直聘联合发布了《全球人工智能人才白皮书》，数据显示，全球人工智能领域人才约 30 万人，而市场需求在百万量级。其中，高校领域约 10 万人，产业界约 20 万人。全球共有 367 所具有人工智能研究方向的高校，每年毕业人工智能领域的学生约 2 万人，远远不能满足市场对人才的需求。为应对人工智能领域的巨大人才缺口问题，2018 年 4 月，教育部开始研究制定了《高等学校引领人工智能创新行动计划》，并研究设立了人工智能专业，进一步完善中国高校人工智能学科体系。但是，高职院校在人工智能领域的高技能人才供给不足，根据教育部 2018 年普通高等职业教育专业设置备案结果显示，天津市范围内仍未有高职院校设置人工智能相关专业。

　　通过分析可知，高等职业教育的专业设置在应对新兴服务业快速发展方面存在滞后问题，难以快速及时地设置相关专业，与新兴服务行业的人

---

① 腾讯研究院，BOSS 直聘. 全球人工智能人才白皮书 [R]. 2017 - 12 - 04.

才需求存在不匹配的问题。新兴服务业是现代服务业中重要的一部分,因此新兴服务业的高技能人才需求构成了现代服务业高技能人才需求结构中的一部分。目前,高等职业教育在新兴服务业方面的专业设置情况还未追赶上新兴服务业快速发展的速度,导致高等职业教育的现代服务业高技能人才供给结构中缺少了新兴服务业高技能人才的供给。

第三节 专业动态调整匹配现代服务业人才需求结构

一、制定现代服务业专业发展战略

职业教育是与经济发展关系最为密切的一类教育,服务国家经济发展战略是高等职业教育办学的重要定位。高职院校要准确定位自身条件,在主动适应国家经济发展形势的基础上,保障高等职业教育的可持续发展。高职院校应该时刻关注政策变动,主动契合国家经济发展战略。战略规划的基本作用是协调组织与环境的关系,能够帮助高等职业教育适应服务经济需求,[1] 优化高等职业教育现代服务业人才供给结构。高职院校在服务经济时代应具备战略意识、制定战略规划、积极实施战略管理,主动契合我国经济发展战略,构建适应服务经济时代的人才供给结构,加强优质供给,减少无效供给,扩大有效供给,提高供给结构对需求变化的适应性和灵活性,提高全要素生产率,使供给体系更好适应需求结构变化。

第一,现代服务业专业发展战略应确定高职院校定位。服务国家经济发展战略是高职院校办学的重要定位,我国经济结构也发生了重大转型,进入经济新常态的发展阶段,服务业成为经济增长的主要驱动力,这要求高职院校定位为服务于现代服务业的发展,在办学过程中重视现代服务业相关专业的设置。高职院校的办学定位受政府战略的指导,政府可以通过计划、行政、经济、监督等多种手段实施对高职院校办学行为的调控。因

---

[1] [美]丹尼尔·若雷,赫伯特·谢尔曼. 从战略到变革:高校战略规划实施[M]. 周艳,赵炬明,译. 广西:广西师范大学,2006:1,13.

此，办学思路的明晰首要条件是把握政府的发展战略。政府制定专业发展战略可以有效地帮助高职院校确定现代服务业发展的办学定位。

第二，现代服务业专业发展战略应为高职院校专业发展提供方向。现代服务业专业发展战略应顺应国家发展现代服务业的经济战略，构建适应我国服务经济发展的专业结构，为高职院校的专业发展提供方向。一方面，在与第一产业、第二产业向第三产业转型所对应的现代服务业外部产业结构变化方面，现代服务业专业发展战略应指导高职院校大力发展服务业相关专业，适当减少农业和工业相关专业数量，同时关注农业服务化和制造业服务化相关专业的建设。另一方面，在与现代服务业产业升级对应的现代服务业内部产业结构变化方面，现代服务业专业发展战略应指导高职院校根据服务业内部结构和现代服务业内部结构动态调整相关的专业结构，实时追踪我国现代服务业的高技能人才结构需求，建立专业动态调整机制。

二、定期调整高职院校专业结构

产业始终处于动态发展中，对人才结构的需求不断变化，专业结构调整过程就是调整学校与社会需求关系的过程。一些高职院校还不能准确地把握市场变化，依据产业发展需求与变化及时设立或调整专业，造成专业结构与产业结构不匹配。[①] 教育部组织有关专家新修订了普通高等职业教育的专业目录，新的目录强化了职业教育的特点，打破了按照学科进行分类的框架，以国民经济行业、产业分类为重要依据，主要按照职业进行分类，加强了教育与产业的对接，增强了人才培养的针对性、适应性和灵活性。《国家职业教育改革实施方案》明确提出应健全专业设置定期评估机制，强化地方引导本区域职业院校优化专业设置的职责，原则上每5年修订1次职业院校专业目录，学校依据目录灵活自主设置专业，每年调整1次专业。[②]

第一，调研现代服务业发展需求，了解高技能人才需求结构。高等职业教育专业结构调整的基础是现代服务业高技能人才的需求结构，因此，

---

① 教育部职业教育与成人教育司. 以专业建设为抓手提升高职院校核心竞争力 [EB/OL]. http://www.moe.gov.cn/s78/A07/zcs_ztzl/ztzl_zcs1518/zcs1518_zcjd/201602/t20160222_230007.html.

② 国务院. 国务院关于印发国家职业教育改革实施方案的通知 [Z]. 2019–01–24.

调整高等职业教育中现代服务业相关专业的专业结构，首先需要了解现代服务业的发展需求。应加强企业和高职院校的合作，构建现代服务业发展需求分析平台，深入分析现代服务业中基础服务业、生产性服务业、个人消费服务业和公共服务业四类高技能人才的需求比值。

第二，分析高等职业教育专业结构现状。各所高职院校应积极分析本校在现代服务业方面设置的专业结构，可将开设的全部现代服务业专业划分为基础服务业专业、生产性服务业专业、个人消费服务业专业和公共服务业专业四类，并统计各类专业的招生比值，分析本校与现代服务业相关的专业结构的实际情况。

第三，评估高职院校与现代服务业相关的专业结构情况。比较现代服务业内部结构比例与高职院校现代服务业相关专业招生比例，评估高职院校在现代服务业方面的专业结构设置与现代服务业需求结构是否匹配，以及其匹配情况的具体表现。

第四，根据专业结构与需求结构的评估结果，调整高职院校的专业结构。根据现代服务业需求结构比例及时调整相关专业的高技能人才招生比例，优化高职院校有关现代服务业的专业结构，使高职院校人才培养结构中面向基础服务业、生产性服务业、个人消费服务业和公共服务业的高技能人才数量与现代服务业中基础服务业、生产性服务业和个人消费服务业、公共服务业需求数量相匹配，实现高等职业教育专业结构与现代服务业发展需求结构的对接。

三、完善专业预警与退出机制

高职院校基于信息技术更新现代服务业专业是优化专业设置的重要途径。建议创新专业设置管理制度，建立以信息技术为基础的专业设置管理机制，深化数据驱动决策，通过"收集、分析、报告和使用数据来改进高职院校办学"。[①] 在高等职业教育专业结构与四类现代服务业人才需求结构匹配的基础上，高职院校还需要建立专业预警与退出机制，及时更新调整

---

① 和震，祝成林. 新时代职业教育专业结构优化策略——基于北京市"双需求"导向分析[J]. 河北师范大学学报（教育科学版），2018, 20 (2)：74-79.

相关专业设置，完善现代服务业高技能人才的供给结构。

第一，增添新型专业，及时输送人才。高职院校应紧紧围绕现代服务业的发展需求，根据现代服务业发展过程中不断新兴的服务业行业的高技能人才需求，积极稳妥地设置适用、实用的相应专业，为现代服务业在不断发展过程中产生的新行业、新职业和新岗位及时输送人才。

第二，加强特色专业，提升办学质量。高职院校要根据地方经济发展特点、专业发展特色以及自身办学优势来重点建设现代服务业特色专业。各个经济区域的发展优势不同，高职院校应立足于当地区域的现代服务业发展优势，集中主要的办学力量建设优势特色专业，助力于当地区域的现代服务业发展。

第三，淘汰落后专业，促进优胜劣汰。围绕人才需求建立专业的进入退出机制，对人才培养定位明显不适应社会经济发展需求、就业率连续三年达不到本区域内平均就业率的专业，省级教育行政部门应及时减少其招生计划直至停招，将更多资源投入到现代服务业高技能人才培养的过程中，以促进专业开设过程中优胜劣汰的良性循环，保证高等职业教育专业结构与现代服务业人才需求结构对接。

四、调整现代服务业专业结构

从较长时期看，人均收入水平是影响服务需求最重要的因素。收入水平的提高增加了对生活服务的需求，一些现代生活性服务产品在较高收入水平时才能大规模消费，例如，旅游、高等教育、休闲、健身等消费，需要较高收入和较多的闲暇时间，随着收入水平不断提高，这类消费需求的收入弹性系数会较大幅度的上升。[①] 旅游、体育休闲等个人消费服务业以及高等教育等公共服务业的不断发展要求增加个人消费服务业与公共服务业高技能人才的供给数量。

《普通高等学校高等职业教育（专科）专业目录》显示，2016～2018年，在个人服务业和公共服务业增加了相应的专业，包括在教育与体育大

---

① 江小涓，李辉. 服务业与中国经济：相关性和加快增长的潜力 [J]. 经济研究，2004（1）：4－15.

类增加了电子竞技运动与管理专业,在公共管理与服务大类增加了公益慈善事业管理专业和幼儿发展与健康管理专业,在医药卫生大类增加了朝医学专业。[①] 增加个人消费服务业和公共服务业相关专业应在参考《普通高等学校高等职业教育(专科)专业目录》的基础上,考虑个人消费业和公共服务业实际的发展需求。以文化创意产业为例,地方经济依赖于创意与创新才能在竞争越来越激烈的全球经济中生存,因此需要推进文化创意集聚区开发、开展创意城市的研究和咨询、强化创意人才培养等。[②] 以会展业为例,会展业市场高度细分,每个展会的主题都具有独特的个性,每个品牌都在各自的领域力求做专、做深、做精,从而形成其他品牌不可替代的优势。会展业长期保持健康发展的势头,[③] 需要培养更多的会展业高技能人才。高职院校应在考虑个人消费服务业和公共服务业实际发展情况增加设置文化创意、会展等相关专业及招生人数,优化现代服务业专业结构。

[①] 教育部职业教育与成人教育司. 普通高等学校高等职业教育(专科)专业目录及专业简介 [EB/OL]. http://www.moe.edu.cn/s78/A07/zcs_ztzl/2017_zt06/17zt06_bznr/bznr_ptgxgdzjml/.
[②] 唐燕,[德]克劳斯·昆兹曼. 文化、创意产业与城市更新 [M]. 北京:清华大学出版社,2016:8.
[③] 张胜冰,徐向昱,马树华. 世界文化产业导论 [M]. 北京:北京大学出版社,2014:140.

第六章

现代服务业高技能人才核心技能供给路径

核心技能是现代服务业人力资源供给的关键要素,是高等职业教育人才培养的重要内容,也是就业的关键。高等职业教育是以就业为导向的教育,服务能力是现代服务业人才的核心技能,高等职业教育需要探讨现代服务业高技能人才核心技能的形成机制和决定条件,更新人才质量观念,培养以服务能力为核心的复合型劳动者。本章基于现代服务业的知识、技术与服务密集性特点,构建了以服务能力为核心的技能结构,剖析了高职院校现代服务业人才核心技能培养问题,提出了现代服务业高技能人才核心技能培养路径。

第一节 现代服务业的知识、技术与服务密集性

一、专业知识是现代服务业发展的核心资源

现代服务业是指主要为其他企业提供知识密集型投入服务过程的其他组织,包括私人企业和公共部门,其特殊性在于现代服务业与先进知识高度相关。伊恩·迈尔斯认为,现代服务业的典型特征在很大程度上依赖于专业性知识,或者组织自身就是主要的信息与知识来源(如报告、培训咨询等),并且通过运用专业性的知识为客户的生产过程提供中介服务和支持

性服务。① 美国学者倾向于使用"知识型服务业"来描述现代服务业,强调现代服务业以技术服务为特征的知识服务;欧洲学者倾向于使用"知识密集型服务业"给予现代服务业描述性定义,并认为现代服务业最主要的特征是以知识为基础、研发高度密集和高知识附加值。无论是理论研究还是社会实践,都强调了现代服务业发展以专业知识作为核心资源的重要特征。

在服务创新的过程中,现代服务企业的主要竞争力是在某一领域内的专业知识,现代服务业企业的价值就体现在以专业知识解决客户的问题。这种知识的专业性体现在以下三个方面:(1)知识的广度,即能否提供综合性、整体性的服务;(2)知识的深度,即对特定问题的深入分析、判断与解决的能力;(3)知识的精确度,即现代服务业企业专注于提供的某项特定服务。②

专业知识主要来源于两个方面:其一,专业知识来源于专业服务的提供商,也会来自具备较高专业知识的顾客,甚至来自服务提供商和顾客之间持续互动的过程中,通过服务提供者与其用户的交互活动,企业与用户的专业知识基础与创新能力得以提升和扩展。③ 其二,个人也是现代服务业企业重要的知识来源,知识工人是现代服务业企业生产和发展的重要保证。现代服务业在提供服务时需要专业人员与客户组织的员工间进行大量的交互活动,这种交互活动非常依赖于个人的专业知识,个人的专业知识是现代服务业企业的关键性资源,且具有专业知识的劳动力也因此成为现代服务业最重要的生产型资本。④

因此,现代服务业持续发展的动力就是在与顾客的互动过程中不断产生、更新并积累知识。在企业运行过程中,当客户组织出现问题时,专业人员会在与客户的交互活动中利用自身的经验和专业知识,提炼和组织与客户有关的特定知识,并将这种具有客户组织特性的知识和一般性的知识相融合,通过个人的灵感和创意创造性地解决客户的问题,同时创造出新的知识,提高个人和企业的知识水平。

---

① 孙永波. 我国现代服务业发展机制及其对策研究 [M]. 北京:经济科学出版社,2017:12,23.
② 蒋三庚. 现代服务业研究 [M]. 北京:中国经济出版社,2007:48.
③ 孙永波. 我国现代服务业发展机制及其对策研究 [M]. 北京:经济科学出版社,2017:12.
④ 陶峻. 知识密集型服务企业的知识能力研究 [M]. 北京:经济管理出版社,2013:63.

二、信息技术是现代服务业发展的技术基础

现代服务业是以现代科学技术特别是信息网络技术为主要支撑，建立在新的商业模式、服务方式和管理方法基础上的服务产业。[①]

（一）信息基础设施是现代服务业发展的基础

现代服务业的服务生产、销售、管理、创新等活动主要建立在对信息基础设施的高度依赖基础之上。现代服务业对信息基础设施的依赖主要体现在两个方面：网络基础设施与服务生产工具。网络基础设施主要是指电信网、互联网等各种基础网络，以及企业、机构的内部专业网络；服务生产工具是指为提供服务而必须使用的各种信息技术设备，包括计算机、服务器等专用信息技术设备。不同的行业对网络基础设施与服务生产工具的依赖程度不同，但其趋势是对网络基础设施的依赖不断增强。

（二）现代服务业的服务活动对信息技术的依赖程度较强

从服务信息化的视角来看，现代服务业对信息技术的依赖性还可以从基本活动和内部管理对信息技术的依赖程度，即现代服务业生产运营流程各环节对信息技术的依赖程度来考察。现代服务业的生产运营流程通常可以分为服务创新、服务生产、服务销售等多个环节，各环节都融入了信息技术。这是现代服务业的一个重要特征。在服务创新领域，95%的金融创新基于信息技术，信息技术催生了电子商务的同时，也创新了连锁商业新模式。在服务生产领域，金融业的在线证券交易、支付交易已离不开信息技术；物流业的业务过程监控、在线拼合供求、运输网络优化也建立在信息技术基础之上；基于电子医疗设备的检测、诊断、治疗是医疗服务的基本要求。在服务销售环节，金融领域呼叫中心、网络银行、电话银行、手机银行成为服务销售基本途径。在商业连锁领域，电子订货系统、电子数据交换等成为现代商业服务的基本模式。在内部管理领域，几乎所有企业的管理都建立在信息系统之上。金融业的实时识别、度量和控制风险，物

---

① 国家科技部．现代服务业科技发展"十二五"专项规划［Z］．2012－02－22．

流业的分布式物流业务协同管理、物流监控网络和安全监管，医疗领域的HIS系统、医学影像系统等都依赖于信息管理技术和网络。

（三）信息技术服务业是现代服务业的重要组成部分

从信息服务化的视角来看，信息技术服务业成为现代服务业的重要组成部分。以互联网服务业为例，互联网服务业是指由互联网领域新兴技术的快速发展而直接促生的，通过互联网中新兴开放平台提供创新型服务的业态。它们以互联网信息通信技术为基础，以信息服务为表现形态，以开放创新为核心特征，其服务内容更新颖、融合趋势更明显、附加值更高。作为现代服务业发展的新动力，它成为促进现代服务业向网络化和数字化迈进的重要载体。① 随着互联网技术的迅猛发展，新的信息技术不断涌现，Web2.0、P2P、Wiki等的影响日渐提升，不断催生出各种基于互联网的新兴服务业态。

三、服务密集性是现代服务业发展的驱动力

现代服务业的服务密集性是其不断发展的驱动力。服务密集性主要体现在人力资源密集性和服务过程密集性两方面。

第一，随着经济的发展，生活水平的提高，消费结构逐渐升级，消费者心理需要层次也不断提高，顾客的消费需求呈现出多样化、个性化、人性化的特征，对高质量服务的需求越来越普遍。为应对顾客的需求变化，就需要数量更多、质量更高、类型更多元的现代服务业工作者来应对顾客日益增长的各类需求，倒逼现代服务业吸收更多的人力资源，来满足业务发展需求。现代服务业吸纳人力资源的过程增强了其就业吸纳能力，反过来又壮大了现代服务业的规模，促进了现代服务业的进一步发展。

第二，服务的一个重要特征是顾客参与服务过程，这一特征对于现代服务业来说尤为重要，现代服务业为顾客提供服务需要与顾客进行高度的交互。② 其一，现代信息技术、人工智能等高科技工具的辅助，消费者与服

---

① 高新民，安筱鹏. 现代服务业：特征、趋势和策略 [M]. 杭州：浙江大学出版社，2010：121.
② 蒋三庚. 现代服务业研究 [M]. 北京：中国经济出版社，2007：46.

务工作者能够进行随时随地的互动交流，较之以往面对面对话、书信往来或者电话通信等交互方式，互动效率得到了极大提升，有利于现代服务业及时了解消费者的诉求，发现服务过程中存在的问题与不足，精准改进服务品质，提升服务成效，最终提高现代服务业的效益。

第二节　现代服务业高技能人才的核心技能结构

一、专业知识

现代服务业企业运行的主要对象是某一领域内的专业知识，提供的是一种以知识为主体的解决问题的办法，服务人员提供服务的过程依赖于个人的专业知识，个人的专业知识是现代服务业企业的关键性资源，而具备专业知识的劳动力也因此成为现代服务业最重要的生产性资本，是现代服务业企业生存和发展的重要保证。高技能人才作为现代服务业服务人员也应具备相应的专业知识。

现代服务业服务人员所应具备的专业知识是指特定领域或学科的相关知识和技术能力，是某一领域内的专业知识，不同的专业知识对应于不同的服务行业。一个职业之所以能够纳入专业的行列，享有其他职业所不具备的排他性及由此带来的经济回报和社会声望，在一定程度上取决于这个职业是否形成了足以支持其成为专业的内部结构。现代服务业对应多个服务行业，不同的服务行业对应不同的专门性的职业领域，因此，现代服务业高技能人才所需具备的专业知识是现代服务业中不同服务行业对应的专门职业所应具备的特定的知识基础。

关于知识的一个更为广泛的定义是 OECD 提出的知识分为四类的定义方法：第一类是知道是什么，指有关事实方面的知识，这类知识类似于信息；第二类是知道为什么，指自然原理和规律方面的科学理论，这类知识在多数产业中支撑着技术的发展、产品和工艺的进步，并可能在实践中不断修正、更新和再生产；第三类是知道怎么做，指做事的技艺和能力，包括技术、技巧和诀窍；第四类是知道是谁，指知道谁会做某些事的信息，包含了特定社会关系的形成。[①]

根据四类知识分类可知,现代服务业高技能人才的专业知识包括从事现代服务行业的专门职业所需具备的专业事实知识、专业原理知识、专业技术知识以及专业专家知识,通过这些专业知识形成对本行业的专门职业的全面、深入、精确的认识。其中,专业事实知识指从事现代服务行业中的专门职业相关的工作内容、工作设备、工作对象等是什么的知识;专业原理知识指从事现代服务行业中的专门职业相关的工作内容、工作设备、工作对象等按什么规律运作和发展的知识;专业技术知识指从事现代服务行业中的专门职业时各项工作的运作程序和方式的知识;专业专家知识指有关现代服务行业中专门职业领域的权威和有代表性的专家的信息。

以现代服务业的典型产业,新一代信息技术产业为例。新一代信息技术与经济社会的交汇融合引发了数据的迅猛增长,利用大数据技术快速获取、处理和分析数据,从中发现知识、获取价值成为产业的核心竞争力,大数据是新一代信息技术产业的核心领域。大数据分析人才已经成为新一代信息技术产业的紧缺人才。物联网是由大量传感器节点组成的综合信息感知网络,使各类物品的实时动态管理和智能分析变得可能。云计算通过网络进行数据共享,提供和传送信息与服务,给个人用户、团队进行网络协作带来极大的便利。新一代信息技术产业中的专门职业领域将与大数据技术、云计算技术、物联网技术产生紧密的联系,因此与大数据技术、云计算技术、物联网技术相关的事实知识、原理知识、技术知识和专家知识等成为新一代信息技术产业员工需要具备的专业知识。

二、信息技术技能

现代服务业的服务生产、销售、管理、创新等活动主要建立在对信息技术的高度依赖之上。因此作为现代服务业服务人员的高技能人才应具备相应的信息技术技能。现代服务业企业为其顾客提供的不仅是高度专业化的知识,而且是高智力附加值的服务,[②] 因此,现代服务业高技能人才的信

[①] 陶峻. 知识密集型服务企业的知识能力研究 [M]. 北京:经济管理出版社,2013:39.
[②] 陶峻. 知识密集型服务企业的知识能力研究 [M]. 北京:经济管理出版社,2013:65.

息技术技能具备较高的智力特征。美国著名心理学家罗伯特·斯滕伯格（Robert Sternberg）教授在1996年提出"成功智力"理论，认为成功智力是对现实生活产生重要影响的智力，是达成人生主要目标的智力。成功智力包括三个方面：第一，分析性智力，是在信息处理过程中进行分析、评价、判断和比较的能力；第二，实践性智力，是把经验应用于适应、塑造和选择环境的能力；第三，创造性智力，是面对新任务、新情境，产生新观念的能力。① 根据成功智力理论，现代服务业高技能人才应该具备信息分析技能、信息技术应用技能和信息技术创新技能。

（一）信息分析技能

信息和数据对于现代服务业的发展具有重要的意义，目前已有很多现代服务业企业通过顾客关系管理软件来实现追踪客户偏好的信息，例如，世界著名连锁酒店，丽思卡尔顿酒店，鼓励服务人员使用顾客关系管理数据库录入信息、查询信息、分析信息，以了解顾客的重点信息，这些信息成为丽思卡尔顿酒店战略性地提高顾客体验的工具。分享顾客信息数据库的附加价值对现代服务业企业的发展非常有利，及时更新信息并保持其有效性和相关性也十分重要。②

随着信息技术的发展，新兴信息技术与经济社会的交汇融合引发了信息和数据的迅猛增长，升级了现代服务业中的顾客关系管理软件及数据库等信息管理软件及信息数据库。利用新兴信息技术快速获取、处理和分析数据，从中发现知识、获取价值成为现代服务业的核心竞争力之一。新兴信息技术包括大数据技术、物联网技术、云计算技术等。大数据技术能够帮助现代服务业企业监测市场发展动态，科学统计和分析发展数据，预测市场发展趋势，最终帮助企业做出商业决策。物联网是由大量传感器节点组成的综合信息感知网络，使各类物品的实时动态管理和智能分析变得可能。云计算通过网络进行数据共享，提供和传送信息与服务，给个人用户、团队进行网络协作带来极大的便利。这些新兴信息技术在现代服务业中的应用，产生数量巨大的信息和数据，要求高技能人才具备信息分析技能，

---

① ［美］斯滕伯格. 成功智力［M］. 吴国宏，钱文，译. 上海：华东师范大学出版社，1999：131－177.
② ［美］约瑟夫·米歇利. 金牌标准［M］. 徐臻真，译. 北京：中信出版社，2009：138.

提高对信息技术的敏感度，善于分析并利用信息和数据。

（二）信息技术应用技能

现代服务业对信息技术的依赖主要体现在对信息技术设备的依赖上，相关的信息技术设备包括网络基础设施、服务生产工具和自动化服务设施等。随着信息技术的发展，新兴信息技术逐渐应用到服务业，促使服务业向信息化、个性化、定制化的方向发展；新兴信息技术应用到制造业，推动了制造业由生产型向服务型的转变。例如，人工智能技术在健康医疗、交通、教育等各领域的广泛应用，催生出机器人智能医疗、智能辅导系统与线上学习等新服务；物联网技术在智能交通、智能物流、医疗健康、金融与服务业中方法应用，催生出了交通、物流、健康、金融方面的新服务，这些基于新兴信息技术的新服务有力支撑了社会经济的快速发展。

信息技术，尤其是新兴信息技术在现代服务业中的传播、应用与扩散是现代服务业可持续发展的重要原因，高技能人才等服务人员作为技术应用的载体，在为顾客提供服务的过程中不可避免地将使用到这些基于信息技术，尤其是新兴信息技术的服务工作设备，因此需要具备一定的信息技术应用技能，包括在为顾客供给服务时，应用和操作信息技术基础设施、信息技术服务工具和自动化服务设施的技能。

（三）信息技术创新技能

技术创新引发服务创新，进而推动了现代服务业发展，现代服务业不断应用技术创新成果来发展自己。建立在信息技术基础之上的现代服务业本身正不断地进行技术创新，同时也充分利用了飞速发展的信息技术，从而获取了更大的竞争优势。目前，现代服务业的技术研发投入趋于增大，正在加大技术研发力度，以充分挖掘信息技术应用的潜力，使服务业务运行在更具有技术优势的平台上。同时，现代服务业正在不断应用技术创新成果来发展自己。为了获取更全面、更大幅度的技术平台优势，现代服务业通常融合应用了多项技术创新成果。这一综合的技术应用体系，拓展了现代服务业活动的空间和时间范围，提高了包括个性化、安全性在内的多种服务质量,并降低了运行成本。①

在技术创新引发服务创新的过程中,技术创新可以是对技术的创新应用,也可以是对技术的创新改造,基于服务工作的需求对技术的创新应用和创新改造都能促进服务创新的产生。因此现代服务业高技能人才所需具备的信息技术创新技能,包括信息技术的创新应用技能和信息技术的创新改造技能,具体指在工作领域中创新应用已有信息技术及设备的技能,以及基于服务工作的需求创新改造已有信息技术及设备的技能。

三、服务技能

服务是服务人员在与顾客的互动过程中提供给顾客的,服务质量由服务人员提供,服务人员的服务技能是决定服务质量的决定性因素。具备专业知识和信息技术技能的高技能人才可以从事任何产业的工作,但如要从事现代服务业的工作,高技能人才必须具备一定的服务技能,包括通用服务技能、个性化服务技能和人性化服务技能,以保证为顾客提供高质量的专业理想服务。

(一) 通用服务技能

通用服务技能是现代服务业高技能人才应该具备的基础技能,帮助高技能人才完成完整的服务工作,顺利地为顾客提供服务,通常包括服务认知、服务情感和服务意志三个方面。

第一,现代服务业的服务行业通常具备完备的工作流程,以确保服务价值的实现。现代服务业高技能人才作为服务的直接供给者,应该具备基本的服务认知,熟悉本行业以及本企业的标准化服务流程,保证能够完成某些服务工作。标准化的服务流程通常可以从服务前、服务中和服务后三个阶段来理解。

首先,在向顾客提供服务前,现代服务业高技能人才需要熟悉行业或企业的服务标准、服务准则等。服务标准指对服务人员提供服务过程中的基本要求,例如,全球著名酒店丽兹卡尔顿酒店在提供服务的时候,部分

---

① 高新民,安筱鹏. 现代服务业:特征、趋势和策略 [M]. 杭州:浙江大学出版社,2010:34.

服务项目执行全球统一标准，如使用亚麻布制品和纺织品等，而部分服务项目则允许地域性差别。服务准则指完成服务工作中的基本原则，例如，全球著名酒店丽兹卡尔顿酒店为服务人员制定的十二条服务准则，鼓励和引导服务人员为顾客提供高质量的服务，这些服务准则被分为功能类服务准则、情感忠诚类服务准则和秘诀类服务准则。[1] 高技能人才在提供服务前必须熟悉相关的服务标准和服务准则，以确保能够完成基本的服务工作；如果在服务过程中出现某些问题，需要及时进行服务补救，迅速解决相关问题。其次，在向顾客提供服务的过程中，高技能人才与顾客进行沟通与交流，根据顾客的需求为其提供相应的服务。最后，在向顾客提供服务后，高技能人才还需要对顾客进行跟踪服务，了解顾客对于本次服务的感受和意见，以及了解顾客更多的需求，为其提供后续的服务。

第二，服务工作是一种情绪劳动，需要高技能人才在服务工作中具备一定的服务情感。情绪劳动的概念最先由阿莉·霍克希尔德（Arlie Hochschild）提出。1983年，霍克希尔德在《情绪管理的探索》一书中首次完整地阐述了情绪劳动的定义，指出情绪劳动是员工在工作过程中为了达到组织所期望的服务标准而调整和管理自己的情绪所需要付出的努力。[2] 霍克希尔德指出，情绪劳动多存在于服务人员与顾客进行面对面互动交流的服务行业，例如，零售服务业、医疗服务业、教育服务业、咨询服务业和银行服务业等。在这些服务过程中，服务人员需要时刻保持微笑、真诚与热情，提升顾客满意度，使消费者感到满意和认可，进而提升组织绩效。

从消费者角度来看，满足其服务情感是消费目标的关键。具备服务情感的服务过程已经超越了一般的专业化服务思维，不再拘泥于传统服务知识和服务能力的获取，而是建立一种更高层次的情感关系来提升服务质量，让顾客从被关怀的角度体验尊重和价值，进而提高顾客在消费过程中的幸福感和满意度。从服务者角度来看，具备服务情感是服务工作目标的关键。其根据服务满意映射原理，那些服务热情、与顾客心灵相通的服务业员工也会在服务顾客过程中找到自我满足感，有助于其实现职业生涯的发展目标。

---

[1] ［美］约瑟夫·米歇利. 金牌标准 [M]. 徐臻真, 译. 北京：中信出版社, 2009：52, 180.
[2] Hochschild A R. The Managed Heart: Commercialization of Human Feeling [M]. Berkeley: University of California Press, 1983.

第三，在服务认知和服务情感的基础上，程序化服务技能还需要高技能人才具备一定的服务人格。现代服务业追求的是高质量的服务，高技能人才需要具备服务型人格，高技能人才应实现从"被动服务者"到"主动服务者"的转变，具备成为"主动服务者"的服务意志。美国著名社会学家赖特·米尔斯（Wright Mills）在其代表性著作《白领：美国的中产阶级》中指出，在从手工技术向艺术、销售、为他人服务的转变中，雇员个人的品质成为劳动力市场上的商品，服务业企业更加关注员工的人格魅力，认为员工的服务型人格对于提高服务质量至关重要。[①]

（二）个性化服务技能

最珍贵的服务是根据每个人的偏好个性化地为客户提供服务，个性化服务意味着关注顾客行为的细微差异，并提供服务以满足客户差异化的心理需求。[②] 因此，高技能人才除了具备程序化服务技能，能顺利为顾客提供完整服务外，还需要具备个性化服务技能，为顾客提供个性化的服务，这是现代服务业提供服务的目标，也是高质量服务的关键。个性化服务技能要求高技能人才具备个性、互动性和创新性。

第一，为顾客提供个性化服务需要高技能人才具备一定的内在特质，包括敏感、利他、灵活、热情等。所有的个性化服务都基于高度的敏感性，需要高技能人才具备敏锐的观察力，保持敏锐观察；高技能人才需要设身处地地为顾客着想，才能真正了解顾客的需求；针对不同的顾客、地点时间，高技能人才能够随机应变，灵活地调整服务，满足不同顾客的需求，以及在服务过程中出现问题时，高技能人才能够及时准确地解决问题；高技能人才应具备并能表现出对待顾客需求的热情、向顾客提供服务的热情。

第二，为顾客提供个性化服务需要高技能人才具备互动性，即在与顾客的互动过程中搜集、识别、记录顾客的信息，包括顾客个人信息、顾客偏好信息和顾客需求信息。顾客个人信息包括顾客的年龄、性别、职业、在本企业的消费记录等基本信息，这些信息能够帮助服务人员识别顾客的

[①] ［美］莱特·米尔斯. 白领：美国的中产阶级［M］. 周晓虹，译. 南京：南京大学出版社，2006：142.

[②] ［美］约瑟夫·米歇利. 金牌标准［M］. 徐臻真，译. 北京：中信出版社，2009：149.

偏好和需求，以便于提供满足顾客偏好和需求的服务。顾客偏好信息指了解顾客与服务相关的喜好信息，服务人员与顾客一对一地交流，根据顾客的独特偏好来定制他们所期望的完美服务是提高服务质量的重要方式。识别顾客的偏好信息要求服务人员对顾客进行仔细观察和直觉判断，而不是过多地询问顾客的偏好。服务人员可以微妙地识别顾客的偏好，及通过观察顾客、理解顾客来辨别他们的真正偏好，必要时进行尝试性试验。例如，全球著名酒店丽思卡尔顿酒店运营副总裁所描述的偏好准则："如果顾客点了毕雷矿泉水，并不代表顾客喜欢这个牌子的水，可能只是第一次尝试饮用；但如果顾客点了毕雷矿泉水，并且要求加两片柠檬不加冰块，这意味着顾客可能确实有点偏好它，但是如果顾客点了两次，那么这就是真正的偏好表现了。"[1] 识别顾客的需求信息包括识别顾客明确提出的需求，也包括顾客未言明的需求。因此识别顾客的偏好信息是识别顾客需求信息的基础，可以通过顾客的偏好来推测顾客的未言明的需求。服务人员需要全方位运用所有感官，设身处地地为顾客着想，最终满足顾客的不同需求和期望。有时候顾客的需要通过倾听就可以清晰地了解；有时候需要通过非正式的打听才能弄清楚；还有时候必须亲眼关注顾客的行动才能得出结论。服务人员敏锐察觉顾客明示和内心的愿望及需求并迅速做出反应，为其提供满足其需求的个性化服务。

第三，为顾客提供个性化服务需要高技能人才具备创新性，包括提供差异化的服务、提供惊喜服务以及创新和改进服务。提供差异性服务是指每一位顾客的愿望都是独特新颖的，实现的方式不仅因人而异，而且因时而异、因事而异，服务人员需要根据不同的时间、地点、事件、顾客提供差异化的服务。提供惊喜服务是指能够为顾客创造独特难忘的亲身体验和超出顾客预期的服务。提供惊喜服务的方式有多种：当服务人员勇于承认其缺点并承担责任时，顾客往往感到惊讶而信服，从而为企业赢得战略优势；积极并及时地挽回顾客的不愉快经历并提供补救措施；关注顾客需求，并通过团结协作、一致努力帮助顾客实现愿望，往往可以给顾客带来惊喜，尤其是这一行动并非应尽的义务时。[2] 创新和改造服务是指在服务过程中记

---

[1] ［美］约瑟夫·米歇利. 金牌标准 [M]. 徐臻真, 译. 北京：中信出版社, 2009：141.
[2] ［美］约瑟夫·米歇利. 金牌标准 [M]. 徐臻真, 译. 北京：中信出版社, 2009：185.

录服务或者产品瑕疵以充实质量数据,不断寻求机会创新与改进个人和企业的服务。

(三) 人性化服务技能

"以人为本"的服务理念不仅要求为顾客提供个性化服务,还强调服务的人性化。人性化服务的供给基于服务人员对顾客的移情,以及基于此产生的对顾客的关怀。因此个性化服务技能需要服务人员具备移情能力和关怀品质。

移情,又称共情,是指一种能深入他人主观世界,了解其感受的能力。共情就是关怀一个人,必须能够了解他及他的世界,就好像我就是他,我必须能够用他的眼看他的世界及他自己一样,而不能把他看成物品一样从外面去审核、观察,必须能与他同在他的世界里,并进入他的世界,从内部去体认他的生活方式及他的目标与方向。人性化服务技能中的移情指服务人员对待顾客应是对待家人和挚爱之人的情感延伸,服务人员对于顾客存在一种亲密的人际间的关爱,能够设身处地地为顾客着想。服务人员在提供服务过程中对顾客的移情是其具备关怀品质,真心关怀顾客的基础。

现代服务业领域中的关怀品质不仅表现为一种服务双方主体之间的关怀,而且更加强调在服务双方相互理解、倾听和尊重的基础上建立一种以关怀为核心的服务关系。随着服务双方互动程度的不断深入,这种以关怀为核心的服务关系也从服务双方不稳定的服务关系发展为相对稳定的服务关系。具体而言,主要包括服务者对顾客的关怀、顾客对服务者的关怀、顾客的自我关怀和服务者的自我关怀四种类型。研究指出,顾客关怀是指在识别顾客需求的基础上,通过采取一系列符合顾客需求的特别关注、情感投入和利益回馈等增值服务,提供给顾客包括经济价值和非经济价值在内的服务回馈,建立并维系良好的顾客关系,进而提高顾客满意度和忠诚度,实现企业可持续发展。[1]

---

[1] 肖阳,谢莉莉. 客户关怀构成因素与关系质量的影响研究 [J]. 管理科学, 2012 (6): 75–85.

第三节 现代服务业高技能人才核心技能培养问题

一、服务专业知识相对不足

课程是专业知识的重要载体，通过分析高职院校中现代服务业相关专业课程设置情况可以了解现代服务业高技能人才的专业知识掌握情况。以现代服务业的典型产业新一代信息技术产业为例，在课程设置方面，高职院校新一代信息技术类专业的课程设置以计算机专业基础课为主，例如，计算机组成原理、程序设计、网络操作系统等，数学和统计学课程较少，云计算技术、人工智能技术、大数据技术等新兴信息技术课程较少，学生信息技术专业化知识基础较弱，尚未形成良好的知识结构。

以现代服务业的典型服务行业——工商管理服务业、电子商务业、现代物流业等为例。在课程设置方面，高职院校的相关专业还缺乏前沿专业知识的设置。高职院校在现代服务业人才培养的专业知识设置上首先要服务于社会需求，并且将专业知识落实在课程设置过程时，应该以需求为导向进行内容设置。但是，当前，高职院校现代服务业人才培养课程设置仍以传统的专业知识为主，缺乏前沿的专业知识，课程内容的前沿性知识不足，反映不出经济社会最为需求的知识，热点、难点和尚存争议的专业知识很少能及时反映到课程内容中，见表6-1。

表6-1　　　　高职院校现代服务业部分专业的课程内容设置

专业	当前课程内容	专业知识前沿内容
工商管理专业	生产管理知识、人力资源管理知识、销售管理知识、财务管理知识等	企业制度、企业治理、国际化经营管理、柔性管理等
电子商务专业	计算机系统结构认知、计算机设备维护知识、程序开发知识、系统开发知识、网页设计知识等	区块链、新一代信息技术、移动电子商务、新零售、网络文化等

续表

专业	当前课程内容	专业知识前沿内容
物流管理专业	现代物流行业认知、物流管理业务知识、国际物流业务知识、物流市场调查知识等	精细化管理、第四方物流、实时物流、信息化管理、智能物流、物流联盟等

二、信息技术技能较薄弱

当前，我国现代高技能人才的信息技术技能还较为薄弱，不能满足服务经济发展的需求，主要表现在以下两个方面。

第一，信息技术在服务业领域的广泛运用，改变了服务活动的特有属性，突破了传统服务的局限，形成了新的服务模式和业态，极大地提升了服务供给能力，但是满足现代服务业信息技术需求的高技能人才数量严重短缺。例如，互联网金融是传统金融行业与互联网技术和信息通信技术相结合的新服务行业，属于现代服务业中的新兴业态。2012年，上海金融服务业从业人员调查显示，基础型的金融人才培养较为充裕，而保险精算、资产信托、投资分析、核保审赔、金融工程等领域的要求具备信息技术技能的高技能人才异常匮乏。此外，电子商务、电子医疗、网络教育、数字社区等现代服务业的具备需求的信息技术技能的高技能人才长期处于短缺状态。

第二，在信息技术飞速发展和网络社会崛起的时代，高职院校现代服务业人才应该具有的信息技术技能还较为薄弱。一方面，信息化意识和互联网思维较为薄弱。在现代服务业高技能人才的培养过程中，高职院校学生在服务顾客过程中对传统服务方式具有明显的路径依赖，应有的信息化意识和互联网思维还未养成，导致高职毕业生在工作岗位中被动甚至忽略运用"互联网+"服务顾客。另一方面，高职院校学生所掌握的新兴信息技术较少，在大数据分析、物联网、云计算等新一代信息技术的学习上依然滞后。部分高职院校服务业类专业的信息技术课程仅开设了64学时的计算机应用基础，主要内容为办公软件的基本操作和互联网的基本知识，不能满足服务经济对高技能人才信息技术技能的需要。

三、服务技能较欠缺

当前,现代服务业高技能人才的服务认知仍存在偏差,主要表现为部分现代服务业高技能人才将提供服务的目的定位为"提升顾客消费需求和促进顾客消费行为",把服务顾客片面地理解为一种"以顾客消费为目的的经济行为"。以现代旅游业为例,现代旅游服务业高技能人才的服务认知存在偏差,以导游职业最为典型。在旅游服务过程中,部分导游诱导游客产生更多的消费行为,导致游客对其服务行为产生猜忌和不信任,阻碍了双方可持续服务关系的建立。在服务认知存在偏差的同时,部分高技能人才忽略了服务情感和服务意志的重要性,这主要表现为现代服务业高技能人才在真实的工作环境中仍然主要运用专业知识和服务能力解决顾客问题,还没有意识到服务情感和服务意志对于提供服务的重要性和必要性。

现代服务业高技能人才在互动性方面存在着一定的问题,主要表现为与顾客充分的沟通交流较少,不能主动识别顾客的信息,进而缺失了为顾客提供个性化服务的信息基础。对话是建立和维持服务关系的重要途径,是服务双方共同追求理解、同情和欣赏的过程,能够有效引导顾客表达需求。在服务过程中,当服务者认真倾听、细心观察和用心感受顾客,通过充分沟通与有效表达深入了解顾客,并以此为基础为顾客提供满足其偏好和需求的个性化服务。

然而,现代服务业高技能人才与顾客的对话缺乏温暖和关怀,没有发挥情感互通的重要作用,服务双方面临沟通不畅的严峻挑战。以公共医疗服务业为例,要求护理服务人员与患者之间基于关怀进行沟通与交流,并通过护理人员与患者的对话而建立一种充满理解、移情和关怀的服务关系。但是,护患关系紧张已经成为由护理人员与患者沟通不畅而引发服务矛盾的典型案例。研究发现,很多护理人员并不能与患者及患者家属开展基于关怀的交流与对话。[1] 护理服务没有建立在护患双方相互理解的基础上,护理人员通常缺乏耐心,与患者形成沟通障碍,患者在接受治疗后不能与期

---

[1] Ordons A L R, Lockyer J, Hartwick M, et al. An Exploration of Contextual Dimensions Impacting Goals of Care Conversations in Postgraduate Medical Education [J]. BMC Palliative Care, 2016, 15 (1): 1-9.

望的服务结果达成一致，致使护患关系恶化。

现代服务业高技能人才在为顾客提供服务的时候还缺失关怀品质。服务人员关怀品质影响了顾客的服务体验。关怀服务体验是在服务过程中对关怀与被关怀的自我感受。1970 年，美国著名未来学家阿尔文·托夫勒（Alvin Toffler）在《未来的冲击》一书中写道：服务体验是使顾客体验惊喜、刺激、温暖和其他乐趣的过程，能够促进顾客对有形商品和无形服务的心理变化，具有重要的经济价值。[①] 加拿大学者让·哈维（Jean Harvey）的研究强调："服务者对顾客提供个性化的关怀，使顾客感觉到服务者理解自己的处境"对顾客服务体验具有显著影响。[②] 服务体验的供给是基于顾客关怀的服务活动，现代服务业高技能人才的关怀品质不可或缺，否则无法保证服务体验达到理想效果。

目前，现代服务业中的服务人员普遍缺少关怀品质，较少用心关怀服务对象。以现代养老服务业为例，不仅要求服务人员能够为老年人提供基本的护理服务，更要求他们能够基于老年人的需求提供以关怀为核心的服务体验。研究发现，在老年人的服务供给过程中，服务者对老年人的关怀程度越高，老年人对服务质量的评价就越高。[③] 然而，当前现代养老服务业高技能人才的关怀服务体验供给无法满足老年人所需，没有专门针对失能、失智、空巢等特殊的老年人群体开展关怀服务体验活动，并且在老年保健、康复护理、心理疏导、临终关怀等项目中的关怀服务体验供给尚显不足。研究显示，现代养老服务业缺乏针对特定类型老年人的专业服务和关怀方案。如老年痴呆症患者就经常被拒绝进入养老机构，无法受到现代养老服务业服务人员的关心与照料。[④]

[①] ［美］阿尔文·托夫勒. 未来的冲击［M］. 蔡伸章，译. 北京：中信出版社，2006：123 - 127.

[②] ［加］让·哈维. 复杂服务过程管理：从战略到运营（第 2 版）［M］. 上海市质量协会，上海质量管理科学研究院，译. 北京：中国标准出版社，2013：31.

[③] Chao C Y, Ku P Y, Wang Y T, et al. The Effects of Job Satisfaction and Ethical Climate on Service Quality in Elderly Care: The Case of Taiwan［J］. Total Quality Management and Business Excellence, 2014 (27): 339 - 352.

[④] Wu C, Gao L, Chen S L, et al. Care Services for Elderly People with Dementia in Rural China: A Case Study［J］. Bulletin of the World Health Organisation, 2016, 94 (3): 167 - 173.

第四节 高职院校现代服务业高技能人才核心技能供给路径

一、制定高职院校现代服务业人才培养目标

人才培养目标反映了时代对培养人的规格的总要求,[①] 是教育目标在各级各类学校教育教学实践活动中的出发点,具有较强的指导性,决定着教育教学改革的方向。《教育部关于全面深化课程改革 落实立德树人根本任务的意见》要求,学校在设置人才培养目标时应该将学生个人发展与满足社会需求相联系,使学生运用必备品格和关键能力适应社会的同时,获得自身的可持续发展。[②] 高等职业教育作为一种通过培养高技能人才直接服务于产业发展的教育,只有当其人才培养目标与产业发展的人才需求相一致时,高等职业教育服务产业发展的能力才有可能最大限度地实现。高职院校应该结合现代服务业特征与发展趋势,制定现代服务业人才培养目标。

第一,高职院校现代服务业人才培养目标构建应该具有鲜明的时代性特点。不同于农业经济和工业经济,服务经济是以知识、技术、信息为突出特征的新经济,服务经济的构成更加复杂、变化更加迅速、发展趋势不确定性程度更大,要求劳动力有更强的适应变化的能力。高职院校现代服务业人才培养目标设置应该紧抓时代性特点,在我国已经进入服务经济时代的背景下,将现代服务业的重要特点反映在人才培养目标构建中,在高职院校现代服务业人才培养中,构建以服务知识为基础、以服务能力为核心、以服务情感为关键的人才培养目标体系。具体包括学习专业知识、掌握服务能力、关心顾客需求、提升服务质量、提高顾客满意度。

第二,高职院校应该紧紧把握现代服务业动态性特点及其变化趋势,建立以需求为导向的人才培养目标调整机制。以需求为导向的高职院校现

[①] 陆有铨.把握教育目的的时代内涵[J].教育科学论坛,2006(8):1.
[②] 教育部.教育部关于全面深化课程改革落实立德树人根本任务的意见[Z].2014-03-30.

代服务业人才培养目标优化调整机制应该重点关注以下三个方面：其一，定期搜集不同现代服务业行业和岗位的需求信息，分析其人才需求的动态变化规律，总结服务知识需求、服务能力需求和服务情感需求的动态平衡点，在高职院校现代服务业人才培养目标中做出相应的调整，为这些人才需求设置相应的人才培养目标动态调整机制。其二，及时捕捉新出现的现代服务业行业和岗位，分析其人才需求的新增长点，将新的人才需求及时纳入高职院校现代服务业人才培养目标。其三，对于逐渐消失的现代服务业行业或岗位，应该重点分析这些行业或岗位中的哪些人才需求已经不具备在高职院校现代服务业人才培养目标中体现的必要性，要为这些人才需求设置相应的人才培养目标退出机制。

二、优化专业课程设置

课程是专业知识的重要载体，是高职院校培养现代服务业高技能人才具备专业知识的重要途径。随着技术和经济的快速发展，新兴服务行业不断涌现，传统服务行业也不断改造自身以满足社会的需求，现代服务业始终处于动态发展的过程中。新兴服务行业的高技能人才需求，需要高职院校及时甚至提前设置相应的专业予以培养和供给；改造后的传统服务业的高技能人才需求，需要高职院校及时调整课程内容，培养适应传统服务业改造后新需求的高技能人才。

一方面，专业课程设置应根据现代服务业发展的现实状况和未来方向，动态调整高职院校的相关专业及其相关课程。高等职业教育应跟踪现代服务业发展动态，尤其是新兴服务业的发展，进而设置与新兴服务业相应的专业课程内容。以新一代信息技术产业为例，高职院校应主动适应新技术的发展需求，优先增设一批新一代信息技术领域的前沿专业课程，例如，移动互联应用技术、物联网工程技术、云计算技术与应用等相关专业课程。[1]注重专业课程内容设置的前瞻性，加快培育新的专业优势，增强专业课程设置的科学性和灵活性，适当增加顾客心理学、社会学、现代服务业

---

[1] 许艳丽，樊宁宁.新一代信息技术产业高技能人才核心能力建构及其培养路径［J］.职教论坛，2017（21）：5-9.

等课程，加强学生对社会经济发展状态和趋势的了解，增加了解顾客心理和行为知识途径，提高学生的服务能力。

另一方面，高职院校现代服务业人才培养的课程建设应该以需求为导向，主动承担起服务于国家和社会发展的重任，不断调整和充实课程内容。第一，充分尊重现代服务业用人单位的人才需求，高职院校课程内容设置从"强调学生应该知道什么"向"学生在工作中应该能够做什么"转型，即学生在服务工作场所中所需要的知识决定了课程的主要内容。第二，激励现代服务业用人单位参与课程内容设置。现代服务业用人单位对高技能人才有着十分具体和明确的需求，激励现代服务业用人单位参与高职院校课程内容设置有助于提升服务知识的针对性和有效性。

三、强化信息技术课程教学与课外培训

1974年，美国信息产业协会主席保罗·泽考斯基（Paul Zurkowski）提出了信息素养的新概念，信息素养被定义为人们在解决问题时利用信息的技术和技能。信息素养正在受到各国重视，并逐渐进入到人才培养目标和评价体系中，成为评价人才综合素质的一项重要指标。[1] 高职院校应该重视学生信息素养的培养，加强高职院校中的信息技术课程教学，开展基于项目学习的信息技术课程教学，也需要通过深化校企合作，动态更新信息技术课程内容，开展课外信息技术培训，培养学生具备有关新兴信息技术的相关技能。

第一，加强信息技术课程教学，高职院校的信息技术课程对于培养学生掌握基础的信息技术技能非常重要。利奥塔在后现代知识理论中指出，在电脑科技为主导的学习情景下，学生不再是被动的知识承接者，而是成为一位主动的知识消费者与生产者。学生无须被动地接受知识，也不需在固定的空间与时间内才能获得知识，而是可以主动而自由地遨游在知识网际中找寻所需要消费的知识，也可以借助网络的力量生产出个人创造的知识产品并提供他人消费。信息技术技能强调实践性和应用性，高职院校的

---

[1] 桑新民. 学习科学与技术——信息时代学习能力的培养 [M]. 北京：高等教育出版社，2017：40.

信息技术课程除了理论知识的教学外，还需要基于项目学习来开展课程，注重模拟训练、仿真训练及真实的情境体验，突出信息技术教学的实践性和应用性。在具体的项目任务驱动下，学生按照现代服务业企业生产、设计、研发的真实工作流程，将抽象而枯燥的信息技术技能转化为生动而有趣的真实工作体验，能够最大限度地内化、吸收和应用信息技术知识，在复杂的工作情境中提升信息技术技能。

第二，深化校企合作，借助企业技术力量，邀请专业技术人员，开展信息技术技能的课外培训、企业专家讲座，培养高职院校学生在新兴信息技术方面的技能。新兴信息技术最早在企业中产生和应用，是面向企业和商业的技术，高职院校需要培养学生掌握有关新兴信息技术的技能，必须与企业合作，借助企业的技术力量。高职院校与现代服务业企业合作，能够紧密跟踪企业中应用新兴信息技术的情况，以及对高技能人才的信息技术技能需求，开展信息技术技能的课外培训和企业专业讲座，使学生及时了解和掌握企业需求的信息技术技能的最新动态。

四、完善通用课程设置和现代学徒制度

服务技能对于现代服务业不同服务行业的服务人员存在一定的通用性，因为服务技能来源于服务的供给而不是不同的服务行业，不同的服务行业的目标都是为顾客提供高质量的服务，因此不同服务行业的服务人员所应具备的服务技能存在相同性。在人才培养方面，高职院校在培养学生服务技能的时候可以采取通用课程的形式。此外，服务技能的培养更倾向于是一种隐性知识的获得，学生具备服务技能的过程更倾向于一种习得过程，需要在真实的工作环境中以及与顾客的互动过程中形成。这就需要在人才培养方面，高职院校为学生安排长时间的企业实践，开展相关的学徒培养项目。

针对服务技能在不同服务行业中的通用性，高职院校需要完善通用课程设置，培养学生一些基础的服务技能，主要包括服务认知方面的通用课程。例如，人际交流是服务人员为顾客供给服务的基础，通过与顾客的交流沟通，服务人员能够识别顾客偏好信息和需求信息，进而为顾客提供个性化服务，提供顾客对于服务质量的评价。因此人际交流的能力对于所有

服务行业的服务人才都非常重要，现代服务业高技能人才需要具备良好的人际交流能力。高职院校可以面向现代服务业相关的专业设置通用课程，提高学生的沟通交流能力。第一，设置人际关系类课程，提升现代服务业高技能人才的人际交流能力，使其与顾客的对话更加友善与充满关怀。具体课程为"对话心理与对话艺术""情景对话技巧""人际沟通与口才训练""人际关系心理学""人际关系学"等。第二，针对服务对象国际化程度较高的现代服务业高技能人才，设置外语类人际关系课程。例如，为国际外包服务业、国际物流服务业、国际旅游服务业中对外交流较为频繁的现代服务业高技能人才设置"国际文化交流与沟通事务""国际合作与跨文化交流"等课程，通过开展对话让国际服务对象感受到源自中国服务人员的关怀品质，进而提高国际合作成功率和国际服务竞争力。

针对服务技能的习得性，高职院校需要完善现代服务业相关专业学生的现代学徒制度。在真实工作环境中的实践是一种内部化的过程，能促使显性知识转化为隐性知识，在专家的指导下，以观摩或实际演练等方式不断地实践，而不是仅仅坐着听教师教授分析性的教材。[①] 学徒制度能够帮助学生习得服务技能，高职院校应在现代服务业相关专业学生入学时就为学生安排学徒任务，与重视服务质量的现代服务业企业合作，为学生分配优秀的服务人才作为学徒师傅，指导学生应对真实工作环境中的服务任务，在持续的学徒经历中习得服务技能，能够为顾客提供个性化服务和人性化服务。

[①] 陶峻. 知识密集型服务企业的知识能力研究 [M]. 北京：经济管理出版社，2013：52.

第七章

现代服务业高技能人才创业能力供给路径

创业能力是现代服务业人力资源供给的关键要素。现代服务业是以现代科学技术特别是信息网络技术为主要支撑,建立在新的商业模式、服务方式和管理方法基础上的服务产业。现代服务业发展使工作能力发生了实质性改变,为创业提供了良好的机遇,是新一代创业者集聚的领域。本章运用蒂蒙斯创业过程模型,分析了服务经济时代创业过程的新趋势,从创业过程要素探究服务经济时代高技能人才创业面临的主要障碍,提出现代服务业高技能人才创业能力供给路径。

第一节 服务经济时代创业的新变化

创业是一个过程。美国创业研究专家杰弗里·蒂蒙斯(Jeffry·A. Timmons)在他的经典之作《新企业创立:21世纪的创业学》一书中提出了创业过程理论模型,见图7-1。创业过程模型由创业机会、创业团队和创业资源三个关键要素构成。创业过程开始于创业机会,创业机会是创业过程的核心要素;创业团队将要素整合到一个变化的环境中,是新创企业的关键构成要素;创业资源是创业过程的必备要素,是开发机会获取收益的基础。创业过程模型中要素之间相互匹配,创业机会、创业团队、创业资源之间的协调是创业成功的基本保证。该模型具有动态特征,创业过程充满风险与不确定性,随着创业过程的开展,创业重点也相应发生变化,在创业者的协调作用下,创业过程由不平衡向平衡方向发展。

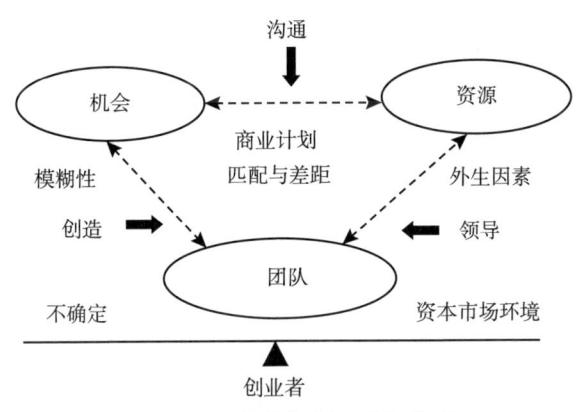

图7-1 蒂蒙斯创业过程模型

资料来源：[美]杰弗里·蒂蒙斯，小斯蒂芬·斯皮内利. 创业学 [M]. 周伟民，吕长春，译. 北京：人民邮电出版社，2005：31.

一、服务经济时代创业机遇及识别

服务经济时代使社会经济活动、产业形态和生产方式发生了深刻变化，社会涌现出大量的创业新机遇。[①] 2013年，全球创业观察（Global Entrepreneurship Monitor，GEM）报告显示，创业者的行业选择主要集中在采掘业、加工业、商业服务业和顾客导向型商业四类行业中，其中顾客导向型商业，即零售、医疗、社会服务、娱乐、餐饮等行业占到50%左右。[②] 信息技术、新能源开发与利用、医药制造等新兴行业为创业者提供了多样化的创业选择；生活水平的提高与消费理念的品质化发展，促使社会消费需求发生转变，为创业者提供了更多的创业机遇。2013年，我国第三产业比值首次超过第二产业，达到46.7%。[③] 产业结构进一步优化升级，现代服务业的发展涌现出更多的新产品和新服务，创造出新的市场需求，促使创业浪潮的形成。

新一代互联网技术的发展带动了产品服务、商业模式与管理机制的创新，引领新一轮互联网创业热潮。[④] 创业机会识别不再完全依赖于创业者先

---

① 许艳丽，李瑜，王岚. 服务经济时代高技能人才创业研究 [J]. 职教论坛，2015 (21)：27-31.
② Kelley D J, Singer S, Herrington M. The Global Entrepreneurship Monitor [R]. 2012.
③ 国家统计局. 中国统计年鉴 (2017)：国内生产总值构成 (3-2) [DB/OL]. (2017-10-13) [2018-08-21]. http://www.stats.gov.cn/tjsj/ndsj/2017/indexch.htm.
④ 辜胜阻，曹冬梅，李睿. 创业创新引领新常态 [J]. 中国金融，2015 (3)：23-24.

前的经验和个人对于环境的敏感性,而转向科学的数据分析和对互联网信息的快速搜索。在服务经济时代,创业机会源于创新和知识的应用,然后与市场需求相适应,使得产业之间的融合性增强。例如,依托与互联网技术而发展起来的物流行业的信息追踪、O2O商业模式、航天航空的精确数据测量等。这些创业机会在改变的同时也对创业者的创业机会识别能力提出了新的挑战,需要创业者具备更强的信息识别、机会开发以及风险规避能力。

例如,在影视娱乐领域,国内首家娱乐产业及旅游产业信息咨询服务商"艺恩咨询"向《创业邦》提供的数据显示,2012年,中国文化娱乐产业突破1322亿元,中国文化产业将驶入发展快车道,游戏、电影、动漫、电视剧及音乐五个主流文化娱乐形态。在文化产业里的影视板块,2013年走平民路线的小成本电影制作,对非票房领域市场空间的开发、新型导演及结合3D、IMAX的大制作电影被认为是优质的创业机遇。影视娱乐领域在服务经济时代提供了新的创业机遇,需要创业者敏锐地识别。

二、服务经济时代创业团队的特征

服务经济时代创业团队成员呈现年轻化趋势。在世界所有经济体中,25~34岁年龄段的创业者比值最高,其次是35~44岁,约占创业者总人数的50%。[①] 以青年创业者为主导的创业团队更加注重产品的新颖性,创办企业不再是为了最基本的生存需要,而是为了通过创业实现个人和社会价值。根据清华大学发布的2014年全球创业观察中国青年创业报告显示,中国青年的创业动机以机会型为主,尤其是"80后"和"90后",他们的创业机会动机分别达到了66.5%和68.9%。[②]

服务经济时代创业团队成员构成呈现大众化趋势。2014年9月夏季达沃斯论坛上李克强总理在讲话中提出,在960万平方公里土地上掀起"大

[①] Singer S, Amorós J E, Arreola D M. Global Entrepreneurship Monitor 2014 Global Report [R]. 2015.
[②] 清华大学经管学院中国创业研究中心. 全球创业观察报告(2014):中国青年创业报告[R]. 2015–01–29.

众创业""草根创业"的浪潮,形成"万众创新""人人创新"的新态势。[①] 此后,他在首届世界互联网大会、国务院常务会议和2015年《政府工作报告》等场合中多次阐释创业这一关键词。大众创业的理念正日益深入人心,随着各地各部门认真贯彻落实,业界学界纷纷响应,各种新产业、新模式、新业态不断涌现,有效激发了社会活力,释放了巨大创造力,成为经济发展的一大亮点。

服务经济时代创业团队成员构成呈现知识化趋势。2014年,全球创业观察(GEM)报告显示,美国拥有本科学历的创业者占51.7%,专科学历的比值为33.5%,以美国为代表的创新驱动型经济体的创业呈现知识化趋势。[②] 中国20世纪80年代的创业主体主要是农民和城市失业者,90年代创业主体是党政干部和知识分子。根据最新调查数据,中国创业者中拥有本科学历的占12.2%,专科学历的占27.5%,[③] 知识创业和技术创业正在成为推动社会发展的新动力。以女大学生创业为例,当前的女大学生创业者都具有良好的教育背景,她们掌握了科技研发的知识与能力,创新能力较强,选择在服务业领域创业,尝试从现代服务业等新兴行业中识别创业机会。例如,动漫、影视、广告传媒等文化创意产业都备受女大学生青睐。[④]

服务经济时代创业活动较强地依赖于创业者及其团队。创业所要求的知识和能力不是单个创业者所能达到的,所以组建一支优秀的创业团队在新经济时代至关重要。[⑤] 随着互联网技术的普及,创业团队的信息沟通更加方便,创业团队的组建方式也更加多元化。创业者可以借助互联网、投资公司、电视媒体等方式找到更多优秀的创业伙伴,组建创业团队。知识、技能和经验的互补性成为寻找创业伙伴的重要标准,而个人特质和创业动机的相似性成为创业者组建团队的有用策略。[⑥] 随着服务经济时代创新思维的不断涌现,企业成长周期的缩短,创业团队比以往更容易获得成功,但

[①] 中国政府网. 夏季达沃斯论坛再奏"双创"强音 [EB/OL]. (2015-09-11) [2018-11-02]. http://www.gov.cn/zhengce/2015-09/11/content_2929414.htm.
[②] Singer S, Amorós J E, Arreola D M. Global Entrepreneurship Monitor 2014 Global Report [R]. 2015.
[③] 清华大学经管学院中国创业研究中心. 全球创业观察报告(2014):中国青年创业报告 [R]. 2015-01-29.
[④] 许艳丽,王岚. 众创时代女大学生创业困局探析——基于创业过程理论的视角 [J]. 高教探索, 2018(2):103-108.
[⑤] 李时椿,常建坤. 创业基础 [M]. 北京:清华大学出版社, 2013:86-118.
[⑥] [美]罗伯特 A. 巴隆. 创业管理:基于过程的观点——管理教材译丛 [M]. 张玉利,谭新生,陈立新,译. 北京:机械工业出版社, 2005:85-102.

随之面临着更加严峻的挑战,新经济时代对创业者团队领导能力、创新精神和管理能力提出了更高的要求。

三、服务经济时代创业资源的分布

服务经济时代创业环境资源作用日益凸显。经济全球化使得资源整合可以突破空间、组织等方面的限制,在更加广阔的范围内开展。[①] 创业资源的流动性逐渐增强,创业环境资源通过影响创业要素资源,从而影响企业的发展。随着全球创业热潮的来临,各国政府已经逐渐认识到创业对于吸纳社会劳动力、推动社会创新发展以及促进经济结构调整的重要作用,都在大力扶持中小企业发展。创业政策的出台、区域经济的发展、产业结构的调整等创业环境资源为创业活动的开展提供了有利的制度支撑。

根据资源性质可以将创业资源分为人力资源、物质资源、社会资源、财务资源、技术资源和组织资源六种要素资源。[②] 新的创业资源形式不断出现,例如,虚拟办公空间为创业提供了技术资源。据美国人口普查局调查,美国大约有 600 万人在家工作。云计算技术将数据备份和远程协作变为可能,让这些工作可以实时进行。传统上最需要办公室的部门纷纷开始虚拟办公,一些第三方公司开始为企业提供诸如人力资源、工资和福利等方面的外包服务。传统的方形工作空间和会议室将逐渐消失,取而代之的是员工家里的工作空间。[③] 在服务经济时代下,人力资源、社会资源、技术资源和组织资源的重要性逐渐凸显。其中,人力资源在创业过程中起着越来越重要的作用,技术创新资源成为最具竞争力的创业资本,社会资源成为创业者获取创业支持的重要途径。

第二节 现代服务业高技能人才创业能力结构

蒂蒙斯提出的创业过程理论模型由创业机会、创业团队和创业资源三

---

① 张玉利. 新经济时代的创业与管理变革 [J]. 外国经济与管理, 2005 (1): 2-6, 14.
② 王艳茹. 创业资源 [M]. 北京: 清华大学出版社, 2014: 8-10.
③ Matt Villano. 虚拟办公室——办公环境将令人耳目一新 [J]. 创业邦, 2013 (2): 55.

个关键要素构成。基于创业过程理论模型，高技能人才在创业过程中应具备创业机会识别和转换能力、创业团队组建与管理能力以及创业资源获取能力，以支持其取得创业成功。

一、创业机会识别和转换能力

创业机会存在于信息之中。信息是客观世界中各种事物的变化和特征的反映以及经过传递后的再现，为社会提供思维、知识和决策。创业机会识别能力帮助创业者从大量的信息中识别出创业机会，为创业者提供创业思维、知识和决策，因此创业机会识别能力与信息能力密不可分。创业机会识别能力要求现代服务业高技能人才掌握大量的关于现代服务业发展的市场信息，并能对这些信息进行分析和识别，从大量现代服务业发展信息中发现具备创业可能性的创业信息，即识别出创业机会。

高技能人才将自身的专业技能转换为创业机会需要具备一定的创新能力。创新从本质而言是自主的，并且需要把力量放在自己的长处上。创新能力的形成首先需要高技能人才必须有目的、有系统的创新，从分析创业机会开始，定期组织研究工作，系统地分析和研究所有创新来源；其次，需要高技能人才多看、多问、多听，在分析出利用某个机会需要什么样的创新后，需要观察客户和用户，了解用户的期望、价值观和需要，进而了解创新在用户中的接受度和价值；再次，创新行为应简单而专一，以专业、清晰和有计划的应用为标准；最后，创新应注重在行业领域中的领导地位，以主宰一个行业或市场的战略为目标。[①]

二、创业团队组建与管理能力

创业者在组建创业团队时，不可避免地将与各类人才进行沟通，邀请他们加入创业团队，成为创业团队的成员。沟通是成功组建创业团队的基础。在与创业团队成员沟通的过程中，给人留下良好的第一印象是成功邀请创业团队成员的基础，因此创业者应重视自身的外表印象，包括得体的

---

① 卢飞成. 创业能力 [M]. 杭州：浙江大学出版社，2012：224-225.

着装打扮、言语谈笑、行为举止;掌握自我介绍的艺术是成功邀请创业团队成员的条件,创业者在邀请各类人才加入创业团队时,应镇定而充满信心,提前了解这些人才的性格特长及个人兴趣,表示出自己渴望邀请对方的热诚,善于用眼神表达自己的友善,等等。此外,还需要掌握一定的语言沟通技巧和非语言沟通技巧,包括说话技巧、倾听艺术、身体语言。

　　管理是在特定的环境下,对组织所拥有的资源进行有效的计划、组织、领导和控制,以达成既定的组织目标的过程。管理通常包括四项基本职能:计划、组织、领导和控制,因此现代服务业高技能人才在创业过程中需要对由创业团队组成的初创企业进行计划、组织、领导和控制,实现既定的企业目标。计划是现代服务业高技能人才作为创业者,根据对初创企业外部环境与内部条件的分析,提出在未来一定时期内要达到的组织目标以及实现目标的方案和途径,包括对企业内部不同部门和成员在未来一定时期内的行动方向、内容和方式的安排。组织是指现代服务业高技能人才作为创业者,有目的、系统地将人力、物力等资源进行集合。领导是指现代服务业高技能人才作为创业者,同时作为创业团队的领导者,能够运用权力或权威对企业成员进行引导或施加影响,以使创业团队成员自觉地与自己一道去实现初创企业目标的过程。控制是指现代服务业高技能人才作为创业者,为了达成一定的创业目标,运用一定的控制机制和控制手段,对创业团队成员施加影响的过程和行为。对初创企业进行计划、组织、领导和控制的能力,构成了创业者对创业团队的管理能力。

三、创业资源获取与整合能力

　　创业资金是创业过程中必需的物质资源,创业者获取创业资金通常需要进行融资,因此创业者需要具备一定的融资能力来获取创业过程中所需要的资金资源。创业过程中的融资是初创企业的资金筹集行为与过程,是企业根据自身的生产经营状况、资金拥有的状况,以及公司未来经营发展的需要,通过科学的预测和决策,采用一定的方式,从一定的渠道向企业的投资者和债权人去筹集资金,组织资金的供应,以保证企业正常生产需要、经营管理活动需要的理财行为。①创业者需要了解不同的融资方式，包括中小企业的银行贷款方式、民间借贷方式、金融租赁方式、股权出让与增资扩股方式等。

创业者还需了解能够提供创业服务的社会组织或政府组织，以便在需要之时可以迅速找到提供合作或帮助的创业服务机构，准确表达自身在创业过程中的困难和需求，通过创业服务机构帮扶获取所需的创业资源。

第三节 现代服务业高技能人才创业的主要障碍

高技能人才凭借良好的环境适应能力、较高的知识专业化程度以及丰富的技术实践能力使得他们在现代服务业具有明显的创业优势。但是，高技能人才在把握现代服务业创业新机遇、组建和管理创业团队、获取创业资源等方面仍面临着挑战。

一、缺乏创业机会识别和转换能力

高技能人才创业机会识别能力弱。创业机会主要来源于市场需求和变化。②职业教育产生于工业经济时代，工业生产试图通过制造标准化的产品满足人们同质性的消费需求，这使得高技能人才形成了就业路径依赖与思维定式，对于现代服务业的创业机会识别能力弱。传统职业教育的培养目标是以就业为导向，为社会发展培养各行业所需的技术技能型人才。高职院校大多采取订单培养的人才培养模式，在课程教学内容方面缺乏对市场需求的了解和融入，高技能人才难以了解现代服务业发展的现实状况，更难以识别其中的创业机会。随着现代服务业的发展，创业机会变得更加复杂，需要创业者具备更强的信息识别、机会开发以及风险规避能力。但是，高技能人才创业信息的搜索和快速分析能力并没有在生产和学习实践中得到培养，高技能人才创业机会识别能力亟须加强。

---

① 卢飞成. 创业能力［M］. 杭州：浙江大学出版社，2012：62－73，129.
② 李时椿，常建坤. 创业基础［M］. 北京：清华大学出版社，2013：86－118.

高技能人才缺乏将专业技能转换为创业机会的能力。在创业行业分布上，高技能人才创业热点行业主要集中在批发和零售业、租赁和商务服务业等门槛较低的行业。[1] 虽然现代服务业的新兴行业与市场结构的调整使得创业机会增多，但是高技能人才缺乏将自身技术技能优势转换成创业机会的意识与能力，具有较低的创业动机以及对市场机会变化不敏感，导致高技能人才很难将顾客多样性的服务需求转化成商业行为。尤其是我国知识产权保护体系暂不完善，商业化投资还不成熟、服务创新理念还未普及的环境下，现代服务业的发展在为高技能人才带来创业机会的同时也对其提出了更高的要求。

二、缺乏创业团队组建和管理能力

高技能人才缺乏创业团队组建能力。高等职业教育培养的是面向生产和服务一线的高素质技术技能人才，更多地关注培养学生个体的就业能力。另外，高等职业教育培养的现代服务业高技能人才的学历在社会学历层次中处于中低端，相应的职业声望较低，使现代服务业高技能人才在创业过程中得到的社会认同感不足，难以吸引中高端人才加入创业团队，降低了高技能人才对自身创业团队建设的认知与效能感。我国大部分高职院校创业课程教学落实不到位，[2] 现代服务业高技能人才在组建创业团队的过程中，对创业团队的认识不足，对创业团队组建缺乏经验，影响创业的顺利开展。

高技能人才缺乏创业团队管理能力。高等职业教育和企业合作开展订单培养方式以培养高技能人才，使高技能人才具备突出技术能力和实践经验，但是缺乏管理创业团队所必需的领导力，缺乏创业团队集体决策意识。创业团队作为一个利益共同体，如何协调团队成员的相似性与互补性，发挥成员在团队中的作用，是高技能人才在现代服务业领域创业团队管理面临的主要障碍。

---

[1] 陈国法，郁君平. 社会支持网络视角下的高职学生创业困境与对策 [J]. 教育与职业，2013 (20): 74-76.

[2] 戴艳. 高职院校创业教育的独特性分析 [J]. 教育发展研究，2010 (1): 62-67.

三、缺乏资源获取与整合能力

现代服务业高技能人才创业缺乏创业政策资源。当前我国创业政策主要鼓励大学生创业，但是对高技能人才创业政策设计明显不足。例如，《教育部关于做好2015年全国普通高等学校毕业生就业创业工作的通知》明确指出，高校要建立弹性学分制，允许在校学生休学创业，为大学生聘请创业兼职导师，对创新创业学生进行一对一指导。[①] 然而当前我国还没有专门针对高技能人才创业的相关政策支持，高技能人才创业政策设计还未引起国家和社会的高度重视。

现代服务业高技能人才创业缺乏物质资源。在现代服务业领域，创业资源的种类和获取途径更加丰富。创新资源、社会资源在现代服务业领域创业过程中的作用日趋明显，虽然物质和资金资源在创业过程中的重要性下降，但是仍然在创业过程起着重要的作用。[②] 麦可思2012年高职学生毕业去向调查显示，高职应届毕业生自主创业比率为2.2%。[③] 物质资源是影响高职院校创业成功率的主要原因。高技能人才大多来自职业教育，大部分职业学生来自农村贫困家庭，很难为高技能人才创业提供所需的社会和物质资源。同时，高技能人才创业缺乏技术创新资源，高技能人才缺乏系统的技术创新指导和技术转换训练。另外，高技能人才缺乏社会网络资源支持，高技能人才由于长期处于生产的第一线，单一和狭隘的社会网络为高职院校学生创业设置了障碍。

第四节　加强创业教育完善创业支持平台

由工业经济向服务经济转型是当前中国经济和社会发展面临的重要任务。实现创新型国家战略需要创业和企业家精神。在现代服务业领域，

---

① 教育部. 教育部关于做好2015年全国普通高等学校毕业生就业创业工作的通知 [Z]. 2014 - 11 - 28.
② 郑健壮. 经济转型环境下创业机会类型的演化与创业教育的改进 [J]. 高等工程教育研究，2010（S1）：48 - 53.
③ 麦可思研究院. 大学生求职决胜宝典 [M]. 北京：清华大学出版社，2012：216 - 228.

高技能人才创业不仅是一种充分实现自我的机会,更是充分发挥个人潜能的舞台。创新与创业将成为促进现代服务业发展的一种常态行为,必须采取有力措施支持高技能人才创业。高职院校在现代服务业高技能人才创业能力的供给和培养方面,应制定现代服务业高技能人才创业能力供给战略,将创业能力的培养作为现代服务业高技能人才的培养目标之一,在创业能力供给战略的引领下,加强高技能人才创业机会识别能力和转换能力的培养,关注高技能人才创业团队组建和管理能力的培养,并且重视为现代服务业高技能人才搭建创业服务平台体系,支持高技能人才创新创业。

一、制定创业能力提升战略

制定现代服务业高技能人才创业能力提升战略,从整体上规划高职院校现代服务业专业学生的创业能力培养路径和创业服务平台,从创业者内在能力和创业者外部环境两个方面提供支持,帮助现代服务业高技能人才成功创业。

(一) 构建满足现代服务业的创业教育模式

现代服务业正在改变工作世界,高职院校必须培养学生改变就业体系的能力。[①] 在现代服务业高技能人才创业能力的培养方面,应构建满足现代服务业领域的创业教育模式。创业是一种社会行为。创业是经济与社会活动双重作用的结果。在经济转型过程中,现代服务业企业所生存的社会已经趋于多样化,人的需要、价值观和生活形态日趋复杂,这就要求高职院校构建更加满足现代服务业领域的创业教育模式。

第一,构建以顾客为导向的创业教育模式。创业教育模式应该树立服务社会的理念,关注社会需求,通过创业满足社会群体多样化的需求,迎合创业定位的目标群体。为满足顾客需求,高职院校现代服务业专业学生创业培训应该与市场紧密相连,以市场为中心,以顾客为导向,培养高职

---

① [德] 乌尔里希·泰希勒. 迈向教育高度发达的社会——国际比较视野下的高等教育体系 [M]. 肖念,王绽蕊,译. 北京:科学出版社,2014:44.

院校现代服务业专业学生识别顾客需求的能力，通过选择合适的创业项目，满足顾客个性化需求。同时，创业培训要鼓励高职院校现代服务业专业学生走进社会、走进人群，观察顾客和用户，了解他们的期望、价值观和需求，将客户信息进行有效整合以形成完整的客户信息库，从顾客的角度思考创业的价值。在创业过程中注重顾客的参与和体验，用新知识、新技术和新的服务方式，满足顾客需求。

第二，创业教育模式应培养多元化创业方式。创业是企业家精神和创新的行为。创业需要知识、能力、毅力、独创性和个人风格。在服务经济下，越来越多的公司采用产品和服务相结合的混合模式经营企业。制造业和服务业呈现出越来越多的结合点，创业方式呈现多样化的趋势。顾客需求的个性化也使创业形式不再拘泥于传统的实体创业，网络创业、加盟创业以及概念创业等都是经济转型时期出现的创业新方式。在多样化创业方式的环境下，高职院校现代服务业专业学生创业培训模式应该有针对性地推动创业实践和网络创业培训等新兴创业培训内容，并且提供相关的后续服务和资源共享的平台，利用网络教育将资源的利用达到效用最大化、学习方式交互化以及教学形式的个性化，为高职院校现代服务业专业学生打开多元化的创业道路。在互联网时代下强调商业模式的创新，创业培训模式应该鼓励高职院校现代服务业专业学生发挥创新能力，培养多元化的创业能力，并将互联网思维营销与产品推广结合，使高职院校现代服务业专业学生以创新的思维去审视创业活动。

（二）构建现代服务业高技能人才创业环境

在现代服务业高技能人才创业环境方面，应搭建现代服务业高技能人才创业服务平台体系，创造有利于高技能人才成功创业的环境。

第一，创业服务平台为现代服务业高技能人才提供创业服务和支持。创业服务平台应了解和收集高技能人才创业过程中的困难和障碍，与政府相关部门合作，完善高技能人才创业制度，为高技能人才提供创业物质资源，积极帮助高技能人才度过创业过程中的困难，实现成功创业。

第二，创业服务平台加强创业宣传，建立尊重企业家精神的企业家社会。例如，作为中国新一代商业领袖成长读本，《创业邦》杂志关注现代商业界最前沿的话题、产品、技术和模式，发掘海内外最具创新性、成长性

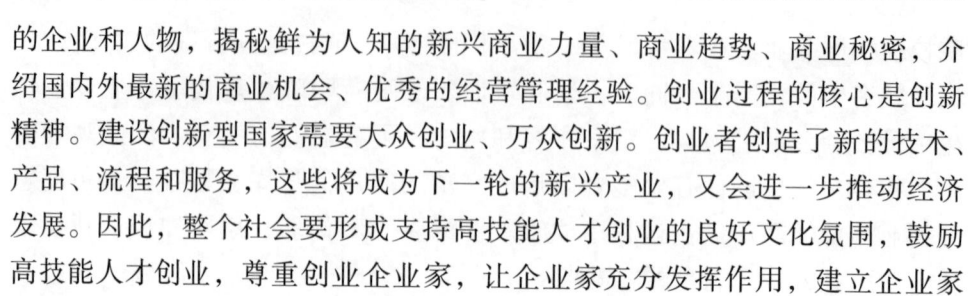

的企业和人物，揭秘鲜为人知的新兴商业力量、商业趋势、商业秘密，介绍国内外最新的商业机会、优秀的经营管理经验。创业过程的核心是创新精神。建设创新型国家需要大众创业、万众创新。创业者创造了新的技术、产品、流程和服务，这些将成为下一轮的新兴产业，又会进一步推动经济发展。因此，整个社会要形成支持高技能人才创业的良好文化氛围，鼓励高技能人才创业，尊重创业企业家，让企业家充分发挥作用，建立企业家社会。

二、提升创业机会识别和转换能力

（一）加强高技能人才创业机会识别能力

高职院校要通过人才培养服务创新型国家战略，了解社会经济发展趋势和经济新常态的特征，加大对服务行业，例如，在信息技术、新能源开发与利用、医药制造等新兴行业的人才培养，剖析服务产业的未来发展前景和顾客需求特征，为高技能人才创业提供机会。高职院校要重视创业教育，着力培养高技能人才创业机会识别和转换能力，根据市场需求进行课程设置，以市场为导向进行创业指导，注重培养学生的创业能力。鼓励高职院校设置高新技术专业，与国家产业和行业技术发展相适应。为满足顾客需求，高技能人才创业培训应该与市场紧密相连，以市场为中心，以顾客为导向，培养大学生识别顾客需求的能力，通过选择合适的创业项目，满足顾客个性化需求。

（二）加强高技能人才创业机会转换能力

国家要积极推动高技能人才创业的市场准入资格，为高技能人才创业提供更多的行业选择。积极完善我国的知识产权保护体系，鼓励高技能人才在现代服务行业创新创业，对中高技术行业的创新成果予以充分的产权保护，激发高技能人才技术创新的积极性，将技术技能转换成商业机会。例如，加大对物流、研发、审计等生产型服务行业的扶持，利用政策文件引导高技能人才在现代服务业创业。

三、培养创业团队组建和管理能力

（一）提升高技能人才的社会地位，增强高技能人才创业团队的社会吸引力

为满足现代服务业领域创业的专业化需求，提升职业教育地位，国家要引导职业教育向中高端发展。提供职业教育学生进入大学学习的途径，提升高技能人才学历层次。打破社会上对于高技能人才的错误认知，树立正确的创业和人才观念，提升高技能人才的社会地位，在全社会形成尊重崇尚一技之长、不唯学历论能力的社会氛围，为高技能人才创业提供环境资源支持。

（二）培养高技能人才创业团队管理能力

第一，高职院校要加强学生创业教育，以创业带动就业。培养学生的创业团队精神、创业团队冲突管理能力以及利用创业团队成员优势将创业绩效最大化的能力。第二，为高技能人才创业提供专业的创业师资队伍，组建创业专家组对创业团队进行评估、指导和跟踪。各地区创业中心应该以服务区域经济为目标，结合当地产业发展动向，培养一批具有理论和实践经验的创业导师，扶持高技能人才创业，为高技能人才提供更多的实践顶岗实习机会，增加高技能人才创业合作交流的机会，增强团队管理能力。第三，以创新科研活动为纽带帮助高技能人才组建创业团队，主动与高新技术产业对接，将科研团队与实践团队有机结合，成立创业孵化器和科技园。例如，北京北达燕园科技孵化器提供创业行政服务、投融资服务、培训服务、企业促进服务、物业服务、其他公共商务服务，广泛吸收创新技术、管理思想和人文精神，致力于成为中国最佳的企业创新中心。再如，上海天地软件园是一个以软件产业为特色的主题园区，主要面向广大软件企业，整合优质社会资源，搭建为企业提供一体化服务的中介服务平台。[1] 这些创业孵化器和科技园在技术实践中有效提升了高技能人才的团队管理能力。

---

[1] 创业网. 全国各地创业园区、科技园、孵化园、孵化器汇总［EB/OL］.［2019-04-30］. http://www.cye.com.cn/jigou/chuangyeyuan/.

四、搭建创业服务平台体系

搭建高职院校学生创业服务平台体系不仅是高职院校本身的使命，还需要企业、社会和政府的共同参与，为现代服务业高技能人才提供创业交流实践平台、创业孵化平台、创业咨询跟踪平台和创业支持平台。高职院校、现代服务业企业、社会和政府等部门共同合作，为现代服务业高技能人才创业提供良好的创业环境。

（一）高职院校要构建创业交流实践的平台体系

创业交流的平台既是准备创业和已经创业的学生间相互交流沟通与学习互动的平台，也是校企交流的平台，高职院校通过与企业合作，企业提供兼职师资到学校开展创业教育，高职院校的教师和学生在企业从事顶岗实训和岗位就业实习基础上开展创业实践。由高职院校和企业联合申报创业项目，由政府审批并且由政府和社会对项目进行经费投入，校企联合创业团队参与完成项目的实施，由此搭建高职院校和企业联合创业实践的平台。[1]

（二）搭建政企校合作的现代服务业高技能人才创业孵化平台

高职院校与政府、企业合作建设现代服务业产教园、科技园、创业园、众创空间，或利用各市、县现有产业园区的闲置资产，建设校外实训基地，引导、鼓励、扶持学生创新创业。[2]

（三）社会专业机构构建专业的创业咨询跟踪平台

第一，社会专业机构构建专业的创业咨询平台，对高职院校现代服务业专业学生创业提供项目论证、技术咨询和创业过程指导等系列服务，引导高职院校现代服务业专业学生创业符合现代服务业经济发展需求和未来

---

[1] 童汝根，李旭旦．经济发展视域下高职创业教育质量管理体系［J］．教育与职业，2012（20）：82-84．

[2] 张丽颖．借鉴苏浙粤经验推进服务业类高职院校供给侧改革［J］．现代教育管理，2017（6）：96-100．

趋势；了解和分析现代服务业高技能人才在创业过程中遭遇的困难，为其提供应对创业困难的意见和方法，帮助现代服务业高技能人才成功创业。

第二，社会专业机构构建专业的创业交流平台。例如，创新中国长沙移动互联网创业大赛，大赛吸引了将近 200 家企业参赛，组委会最终筛选出 19 家公司面对国内著名投资机构的投资人，为一批新锐移动互联网创业者提供交流平台。再如，创新中国杭州巡展，巡展中采取嘉宾演讲和 Q&A 问答形式，交流创新中国路演经验、企业团队建设经验等。又如，苏州国际精英创业周是长江三角洲区域知名的高端引智平台，定向邀请重点和新兴产业领域的海内外高层次创新、创业人才实地开展项目对接和洽谈考察，使全球创新创业人才广泛集聚，各类创新要素充分融合。

（四）政校企合作搭建创业支持平台

创业支持平台包括政策支持、资金支持两方面。第一，在政策支持方面，政府要进一步完善高技能人才创业政策，制定既能推动高技能人才创业，又能保护其合法权益的相关法律体系。完善服务产业的标准化建设，规范服务行业的市场秩序，制定高技能创业激励政策，保证政策的落实，对高技能人才创业予以充分地关注与支持，使得高技能人才在一个相对健全的市场中发挥自身的创业优势。同时，降低高技能人才创业的机会成本，营造能够接纳创新、容忍失败的社会文化环境。第二，在资金支持方面，政府要改善高技能人才创业的金融和税收环境，引导各类资源向创新型高技能人才聚集。加大对高技能人才创业的资金扶持力度，提供免息或者低息小额贷款，鼓励民间资本借贷，拓宽高技能人才的融资渠道。社会要大力发展天使投资，鼓励民间资本借贷，放宽高技能人才资本借贷的条件，推动科技金融服务平台的建设。例如，财政部发布了《关于科技企业孵化器大学科技园和众创空间税收政策的通知》，为进一步鼓励创业创新，2019年1月1日至2021年12月31日，对国家级、省级科技企业孵化器、大学科技园和国家备案众创空间自用以及无偿或通过出租等方式提供给在孵对象使用的房产、土地，免征房产税和城镇土地使用税；对其向在孵对象提供孵化服务取得的收入，免征增值税。[①]

[①] 财政部. 关于科技企业孵化器大学科技园和众创空间税收政策的通知 [Z]. 2018 – 11 – 01.

第八章

现代服务业高技能人才动态供给机制

在现代信息技术革命和其他新技术引领和助推下,现代服务业发展日新月异,具有不确定性。现代服务业朝着信息化、网络化、虚拟化、智能化的方向发展,为服务创新提供新的媒介,引发服务革命性变化,不断拓展服务的类型和广度,增强提供满足个性化需求和高质量服务的能力,有力推动整个服务领域发展进入快速创新阶段。现代服务业对高技能人才需求的快速转变要求高职院校建立人才动态供给机制,只有根据外部环境的变化及时进行策略调整和资源整合才能适应现代服务业的动态发展,保持自身优势。面对现代服务业升级带来的复杂环境,高职院校应该主动适应现代服务业发展需求,构建服务现代服务业发展的人才动态供给新机制。

第一节 现代服务业发展的动态性

一、现代服务业在国民经济中的地位不断提升

随着社会分工的不断细化、需求结构的升级、科学技术的进步及国际化步伐的加快,各国的产业结构一直处于持续调整和不断变迁的过程中。在国民经济结构中,农业的比值不断下降,工业比值在持续增长之后呈现出下降的趋势,服务业则一直处于增长过程,根据国际统计年鉴(2017)数据可知,1970年,世界服务经济发达国家中,美国、英国、日本、法国、

加拿大五个国家就已经处于服务业主导的经济发展阶段,服务业占GDP的比重分别是57.97%、50.05%、50.98%、50.12%和55.55%。[①] 在世界各国纷纷进入"服务经济"的同时,传统服务业不断被高新技术改造而实现优化升级,基于新技术的现代服务业迅速崛起,正成为服务业重要的组成部分。全球产业的发展开始由"服务经济"进入"现代服务经济"。

现代服务业产值占GDP的百分比不断上升。发达国家现代服务业产值占GDP的百分比保持增长态势。随着世界经济进入服务经济时代,知识化、专业化、市场化程度不断加深,制造业呈现服务化趋势;同时信息技术的广泛应用使现代金融、现代物流、信息服务、公共服务、商业服务等现代服务业规模不断扩大,在服务业中的比值持续上升。[②] 2017年,我国信息传输、软件和信息技术服务业,科学研究和技术服务业,租赁和商务服务业等典型现代服务业的产值比上年增长15.8%,高于第三产业产值增速7.8个百分点,拉动第三产业增长2.3个百分点。规模以上现代服务业企业中的战略性新兴服务业和高技术服务业的营业收入同比增长18.0%和13.5%,比上年加快2.5个和2.7个百分点。信息传输、软件和信息技术服务业,科学研究和技术服务业,租赁和商务服务业等典型现代服务业的产值占第三产业百分比达到15.4%,较上年提高0.8个百分点;占GDP百分比达到8.0%,较上年提高0.5个百分点,对国民经济增长的贡献率达到17.2%,促进全国GDP增长1.2个百分点。[③]

现代服务业是以现代科学技术,特别是信息网络技术为主要支撑,建立在新的商业模式、服务方式和管理方法基础上的服务产业。现代服务业具有就业扩张性,结构复杂性,知识、技术与服务密集性,创新性以及动态性等特点。基于互联网的电子商务、内容服务、数据服务等新兴服务产业已经成为全球经济重要的新增长点,现代服务业正在成为现代产业体系的核心,具有不可预测的发展空间和前景。

---

① 国家统计局. 国际统计年鉴(2017)[DB/OL]. (2018-09-30)[2019-04-26]. http://data.stats.gov.cn/files/lastestpub/gjnj/2017/indexch.htm.
② 高新民,安筱鹏. 现代服务业:特征、趋势和策略[M]. 杭州:浙江大学出版社,2010:25-26.
③ 许剑毅. 服务业稳定较快增长 质量效益提升[N]. 中国信息报,2018-01-22(4).

二、现代服务业吸纳就业能力不断增强

现代服务业吸收劳动力的作用逐渐增强，其就业比值不断提升。通过对中国统计年鉴（2017）三次产业就业人数数据分析发现，2012~2016年，我国第三产业就业人数累计增加6067万人，而第一产业、第二产业的就业人数分别减少4277万人、891万人。2012~2016年，第三产业就业人数占比从36.1%升至43.5%，上升了7.4个百分点，成为吸纳就业最多的产业。从服务业内部看，现代服务业就业增长最为迅速。2012~2015年，就业增长最快的行业依次是租赁和商务服务业、科学研究技术服务和地质勘查业、信息传输计算机服务和软件业，分别增长72.7%、50.3%、38.7%。[①]

现代服务业就业方式灵活多样，可以为社会提供多元化的就业岗位，日益成为吸纳就业的主要渠道，如英国典型的现代服务业合计就业人数占总就业人数的百分比由1984年的36.5%上升到2007年的51.5%。[②] 我国2005~2016年六种典型现代服务业就业人数均呈现增加的趋势。其中，信息传输、软件和信息技术服务业就业人数增加了234.0万人，金融业就业人数增加了305.9万人，科学研究和技术服务业就业人数增加了191.9万人，教育行业就业人数增加了246.0万人，卫生和社会工作行业就业人数增加了358.1万人，公共管理、社会保障和社会组织行业就业人数增加了431.8万人。[③]

三、现代服务业发展业态加速变迁

在信息技术不断发展、跨界融合趋势不断加强以及商业模式不断创新的影响下，现代服务业发展业态正在不断更新，旨在于高竞争环境

---

① 国家统计局. 中国统计年鉴（2017）：按三次产业分就业人员数（4-3）[DB/OL]. (2017-10-13) [2018-08-21]. http://www.stats.gov.cn/tjsj/ndsj/2017/indexch.htm.
② 高新民, 安筱鹏. 现代服务业：特征、趋势和策略 [M]. 杭州：浙江大学出版社, 2010：27.
③ 国家统计局. 中国统计年鉴（2017）：按行业分城镇单位就业人员数（年底数）（4-5）[DB/OL]. (2017-10-13) [2018-08-21]. http://www.stats.gov.cn/tjsj/ndsj/2017/indexch.htm.

中取得成功,满足顾客不断变化的服务需求,为顾客提供更高质量的服务活动。

信息技术的发展更新了现代服务业发展业态。随着信息技术的广泛应用,服务产品提供者的供给能力和产品开发能力将不断提高,服务的内容和领域将不断扩展,无论在基础性、生产性、消费性还是公共性服务领域都将涌现出大量新兴服务的内容。随着新兴服务内容的充实和扩展,它将脱离原有的服务部门而自成一体,从而衍生出更多新的服务业形态,尤其是依靠信息技术发展起来的电子商务、数字媒体、网络教育、信息服务等一批具有低资源、低能源消耗和高附加值的新兴服务业,进而成为现代服务业发展的热点和新增长点。

跨界融合的趋势更新了现代服务业发展业态。现代服务业发展呈现跨界融合的新态势。科技进步进一步缩小了现实世界和信息世界的鸿沟,使得人们对客观世界的认识变得量化而精确,这将促使第一产业、第二产业与现代服务业深度融合,促进各行业、各企业的相互渗透、相互融合、跨界发展,同时也将塑造出若干创新型服务行业和产业链,加速现代服务业的新一轮飞速发展,使现代服务业未来发展呈现出动态性发展态势。以制造业与服务业的跨界融合为例,以生产性服务业为主的现代服务业在其发展壮大的过程中,与制造业日益融合,共同发展,信息服务、研发服务、营销服务、融资服务、技术支持服务、物流服务等和生产活动的结合日益紧密,体现了服务与制造相互渗透融合并进一步增强的特点。

创新的商业模式更新了现代服务业发展业态。现代服务业分工不断细化,服务环节不断专业化,现代服务业正朝着以向目标客户提供更高效、更周到、更准确、更满意的服务包,以及基于组织结构创新的后台运营联合化、基于服务传递方式创新的技术平台网络化、服务流程创新的运作规程标准化、服务作业系统创新的前台操作自助化等方向进行商业模式创新,并且通过与技术创新日渐融合,促进现代服务业发展业态的不断更新。

第二节 构建高职院校服务现代服务业动态能力的必要性

一、动态能力理论

(一) 动态能力理论的核心观点

"动态能力"(Dynamic Capabilities)一词最早源自1994年提斯和皮萨诺(Teece and Pisano)的《企业的动态能力：介绍》一文，是基于资源学派和能力学派的核心竞争力理论之上的新突破。[1] 动态能力的提出引起了学术界的高度关注，众多学者对其内涵和构成要素进行了大量的研究并应用于管理、经济、教育等领域。1997年，提斯等在《动态能力和战略管理》中将动态能力正式界定为"组织整合、构建和重组内外部竞争能力以适应快速变化市场环境的能力。"[2] 2007年，提斯先后两次提出动态能力的内涵和构成要素；在与赫尔法特等(Helfat et al.)合作的《动态能力：理解战略变革》一书中提出："动态能力是企业有目的地创建、扩展或更改其资源基础的能力，企业资源再配置的过程，由搜寻能力、选择能力与配置能力三部分共同组成。"[3] 此外，提斯还提出动态能力是企业持续竞争优势的主要源泉，可分解为感知环境能力、把握机遇能力、重构资源能力。[4]

---

[1] Teece D, Pisano G. The Dynamic Capabilities of Firms: An Introduction [J]. Industrial and Corporate Change, 1994, 3 (3): 537-556.

[2] Teece D, Pisano G, Shuen A. Dynamic Capabilities and Strategic Management [J]. Strategic Management Journal, 1997, 18 (7): 509-533.

[3] Helfat C, Finkelstein S, Mitchell W, et al. Dynamic Capabilities: Understanding Strategic Change in Organizations [M]. Oxford: Blackwell, 2007: 30-45.

[4] Teece D. Explicating Dynamic Capabilities: The Nature and Microfoundations of (Sustainable) Enterprise Performance [J]. Strategic Management Journal, 2007, 28 (13) 13: 1319-1350.

（二）动态能力理论的教育应用

基于提斯的研究，巴雷托（Barreto）提出动态能力是指系统性地解决问题的潜能，由其感知机会和威胁、及时制定由市场导向的决策和改变资源基础的习性构成。[①] 国内学者对动态能力的维度研究并不完全统一，李晓燕等将其划分为感知能力、决策能力和改变资源基础能力；[②] 李大元等认为，动态能力是组织意会能力、柔性决策能力和动态执行能力的整合。[③] 近几年，动态能力这一崭新的概念被引入到教育领域中，[④⑤⑥] 其中韩芳等以电子商务专业为例将其进一步运用到高职院校专业设置与管理中。[⑦] 动态能力的研究尚处于发展中，具体对象和背景不同，表述也略有不同，但是以提斯为代表的学派普遍认为，动态能力是组织为适应外部环境实现自身持续发展必不可少的能力，主要由感知/搜寻、决策/选择、重构/配置三个维度构成。[⑧]

高等职业教育具有高等教育和职业教育双重属性，是一种融知识与技能为一体的职业教育，培养的人才既要能适应地方经济或行业经济发展对应用型人才的静态需求，又要适应地方经济发展中产业结构、行业变化对应用型人才的动态需求。[⑨] 我国职业教育正在从职教大国迈向职教强国，面临的最大挑战是由于产业结构升级带来人才需求变化的挑战。[⑩] 现代服务业升级是产业不断调整与优化的动态演进过程，如何培养适应现代服务业升

---

① Barreto I. Dynamic Capabilities：A Review of Past Research and an Agenda for the Future [J]. Journal of Management, 2010, 36 (1): 256-280.
② 李晓燕, 毛基业. 动态能力构建——基于离岸软件外包供应商的多案例研究 [J]. 管理科学学报, 2010, 13 (11): 55-64.
③ 李大元, 项保华, 陈应龙. 企业动态能力及其功效：环境不确定性的影响 [J]. 南开管理评论, 2009, 12 (6): 60-68.
④ Leih S, Teece D. Campus Leadership and the Entrepreneurial University：A Dynamic Capabilities Perspective [J]. Academy of Management perspectives 2016, 30 (2): 182-210.
⑤ Bella B, Werner S. Offshoring of Higher Education Services in Strategic Nets：A Dynamic Capabilities Perspective [J]. Journal of World Business, 2015, 50 (3): 477-490.
⑥ 何华宇. 动态能力视角下民办学校的可持续发展 [J]. 教育发展研究, 2009 (20): 73-77.
⑦ 韩芳, 董大奎. 高职院校专业动态能力的构建与案例研究 [J]. 中国职业技术教育, 2016 (29): 11-15.
⑧ 李大元, 项保华, 陈应龙. 企业动态能力及其功效：环境不确定性的影响 [J]. 南开管理评论, 2009, 12 (6): 60-68.
⑨ 谢一风, 熊惠平. 高端技能型专门人才培养模式研究 [M]. 杭州：浙江大学出版社, 2014: 56, 15, 59.
⑩ 中国职业技术教育学会课题组. 从职教大国迈向职教强国——中国职业教育2030研究报告 [J]. 职业技术教育, 2016, 37 (6): 10-30.

级所需的高素质劳动者与技术技能人才是职业教育面临的现实问题。在产业转型升级背景下,紧密结合我国高职院校特点,将动态能力引入到高职院校服务能力建设中极其必要。① 面临产业结构升级的复杂环境,高职院校以现代服务业人才需求为导向,通过及时调整策略,整合内外资源培养高素质技术技能人才,实现人才培养与外界环境的动态匹配,以此应对现代服务业的逐步调整和升级,获得自身可持续发展,在此过程中所表现出的一系列综合服务能力被称为高职院校服务现代服务业升级动态能力。它反映了高职院校当前和未来对外部环境的综合适应能力,具有动态性、开放性和灵活性等特点。

二、现代服务业发展需要高职院校具备动态能力

现代服务业发展对技能人才的需求,需要高职院校构建与培育动态能力。产业系统是一个动态的演化系统,随着时间的推移,其结构、状态、特性、行为、功能等方面将发生转换或升级。② 现代服务业升级带来的人才需求变化最终会引发高职院校人才供给变化,主要表现在以下两个方面。

一方面,在结构维度,第一产业、第二产业比值呈明显下降态势,服务业占比攀升,现代服务业人才的需求量增大,使各产业对高技能人才需求数量比值相应变化。高职院校要在不同的发展阶段和时点上,以产业结构升级的方向和目标为导向,根据第一产业、第二产业、第三产业所占百分比、水平和层次的不同动态变化调整技能人才供给结构,如高职院校应着重为服务业体系中贡献率较高的现代服务业,如信息技术产业、现代金融业、现代旅游业等提供人才。

另一方面,在层次维度,技术进步引领服务业由劳动、物质密集型的低级阶段逐渐向技术、知识密集型的高级阶段演进,低科技含量的传统服务业将被高科技含量现代服务业所替代,造成低端岗位单一的操作型技术人才需求减少,高端复合型技术人才需求增多。高职院校为了满足现代服务业需求与人才供给动态平衡的基本要求,须具备以现代服务业为导向的

---

① 许艳丽,刘晓莉. 高职院校服务产业结构升级动态能力构建及培育路径 [J]. 教育发展研究,2017,37(3):41-47.
② 吴进红. 开放经济与产业结构升级 [M]. 北京:社会科学文献出版社,2007:50.

人才培养服务动态能力，依据外部现代服务业环境对人才规模、结构、规格的变化需求及时调整招生数量、专业设置、培养方案，形成人才与现代服务业的动态匹配。因此，构建与培育高职院校服务动态能力是缓解人才缺口、促进和引导现代服务业的动态发展、满足现代服务业升级的迫切需求。

三、高职院校持续发展的内在逻辑需要动态能力

构建和培育现代服务业动态升级能力是提升高职院校竞争力、实现可持续发展的内在要求。学生的就业竞争力和高职院校自身市场竞争优势是高职院校能否实现可持续发展的关键因素。

第一，产业是劳动者就业的物质载体，产业结构层次的提高和规模的扩张将创造出更多的就业岗位，[1] 尤其是新兴岗位，如信息传输业（固定电信、移动电信和其他电信、互联网接入及相关服务、互联网信息服务、广播电视传输和卫星传输）、计算机服务业（计算机系统服务、数据处理、计算机维修、其他计算机服务）、研究和试验发展（自然科学、工程和技术、农业科学、医学、社会人文科学）、地质勘察业（能源矿产、固体矿产、其他矿产、地质勘查技术）等。因此，现代服务业升级对高职院校毕业生就业能力提出了新要求。面临新的就业形势，高职院校应紧跟产业发展步伐，通过动态能力培养学生灵活的就业创业能力，达到能力与环境的动态契合，从而不断增强就业竞争力。

第二，现代服务业快速升级和人才质量需求不断提升，高职院校的竞争力成为高职院校可持续发展的关键。发展中国家结合自身优势重点发展服务贸易，转向培育和发展知识技术密集、资源消耗低、成长潜力大、经济效益好的现代新兴产业，有利于摆脱传统比较优势及对先进国家技术的依赖。[2] 高职院校应以现代服务业升级为契机，积极回应社会经济结构变化，着力提升服务现代服务业升级动态能力，以不同阶段现代服务业需求为导向及时调适内外资源配置，不断重组内部原有惯例和构建新惯例，实

---

[1] 段敏芳，郭忠林．产业结构升级与就业［M］．武汉：武汉大学出版社，2013：194．
[2] 孔群喜，王紫绮，蔡梦．新时代我国现代服务业提质增效的优势塑造［J］．改革，2018（10）：82－89．

现与现代服务业升级发展的同步升级,是增强自身竞争优势实现可持续发展的内在要求。

第三节 高职院校服务现代服务业动态能力构建

基于动态能力原创者提斯的最新研究,从感知能力、决策能力和重构能力三个维度构建高职院校服务现代服务业发展的动态能力,见图8-1。

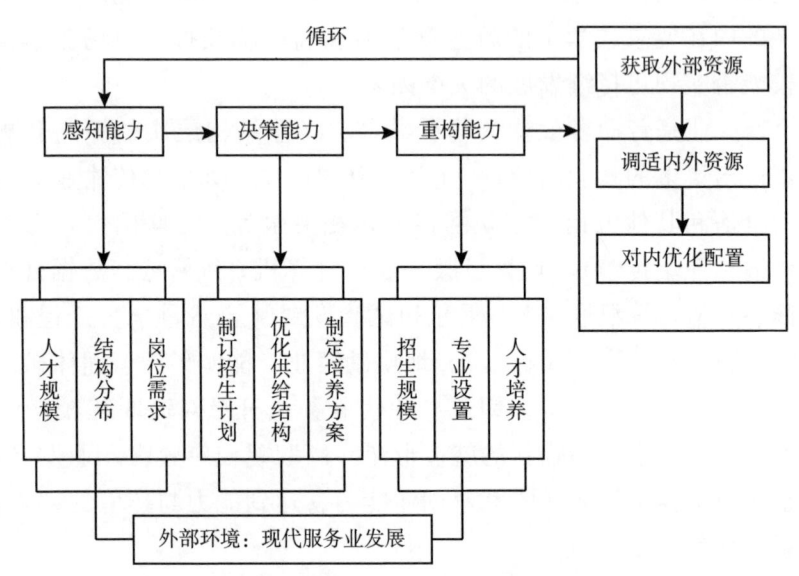

图8-1 高职院校服务现代服务业发展动态能力的构建

一、构建感知能力捕捉现代服务业发展趋势

感知能力是指组织感受和认知外部环境变化的能力。现代服务业既是高职院校的外部环境,又是高职院校的服务对象,捕捉现代服务业对人才和技术的适时需求信息,感知环境变化,是制定科学合理的人才培养服务决策的重要前提,也是高职院校服务现代服务业升级动态能力的基础。信息经济学认为,在市场中交易双方之间有关产品和消费者需求的信息不对称导致市场失灵,降低资源配置效率。在劳动力市场中,"生产"技能人才

和服务的高职院校与"购买"技能人才和服务的企业之间也同样存在信息不对称，其中企业需求信息的不对称会导致教育与产业需求脱节、供求失衡，造成劳动力技能与岗位要求不匹配，技能人才短缺、失业率高、就业质量低下等一系列经济和社会问题。2016年，我国有1200多万名本科生和高职院校毕业生求职，但不少雇主依然很难找到合适的人才，大约有70%的企业认为："大学生在校期间学到的知识实用性不强"，[①] 高等教育与市场需求脱节成为导致大学生失业率高的因素之一。

职业教育本质上是依托企业的教育，企业是职业教育的服务对象和需求主体。企业是产业的基本组成单元。因此，通过捕捉区域产业结构分布、人才规模及各岗位需求信息三方面，把握外部环境变化趋势，降低企业与学校间的信息不对称，是确保高职院校人才培养与现代服务业发展同向变化的基本前提。

第一，产业结构分布。了解现代服务业结构分布是评判高职院校专业设置是否合理的重要依据。产业结构是指国民经济中各产业之间和各产业内部的占比关系。高职院校通过收集数据，了解和考虑各区域现代服务业的地位变化和发展趋势，为合理设置相应专业结构做充分准备。第二，人才规模。提前预测未来几年内的现代服务业对技术技能人才的数量要求能够缓解高职院校毕业生就业难度，优化资源配置。据预测，到2020年，我国对技能劳动者的需求将比2009年增加近3290万人（不含存量缺口930万人），对高技能人才需求将增加990万人（不含存量缺口440万人）。[②] 现代服务业升级处于动态之中，不同阶段对人才需求数量必然有所差异。高职院校应正确掌握和预测各现代服务业行业对应的技术技能人才数量和总量，控制招生规模，减轻毕业生就业压力，避免国家资源的闲置浪费。第三，岗位需求。重点考察不同阶段各行各业中岗位对技术技能水平的适时需求，高职院校在保证数量的前提下更应重视人才培养质量。现代服务业中不同行业、不同地域、不同类型的企业对人才层次和技能水平需求存在较大差异，洞察和搜寻异质化信息，能为人才培养模式的选择提供决策

---

① 邱晨辉.《中国劳动力市场技能缺口研究》发布——高技能劳动力缺口警钟再次敲响[N].中国青年报，2016-11-28.
② 中央组织部，人力资源社会保障部. 高技能人才队伍建设中长期规划（2010~2020年）[Z]. 2011-07-06.

依据。通过不断搜寻、捕捉现代服务业信息，把握未来环境变化趋势，能够提高高职院校对市场趋势的预见性和主动适应能力，以便尽早识别出机会、障碍、潜在的问题，尽可能规避信息不对称带来的风险。

二、提升决策能力迎合现代服务业发展需求

决策能力主要是指个体或组织针对特定问题和为达到确定目标制定行动方案并加以优化选择的能力。根据现代服务业升级的规律，进行统筹规划，制定及时合理的战略和运营决策，将现代服务业升级动态需求体现在人才培养与服务每个环节中，是高职院校输出服务现代服务业升级动态能力的关键环节。决策首先是一个动态择优的行为过程，通常指从多种可能中做出选择和决定，决策的质量包含决策的速度和内容两个维度。在决策速度即决策时间方面：随着科技日新月异和经济全球化的日益深入，企业发展面临的生存环境变化频率日趋加快，利用有限时间制定出合理方案，做出最优选择，及时有效地为企业提供人才与服务是高职院校具有长期竞争优势的潜能。在决策内容方面：客户导向是一种稀有的、有价值的、不可模仿公司层面的资源，强调倾听客户、基于客户的利益和需求提供解决方案等行为，及时制定客户导向的决策是动态能力的重要组成部分。①

因此，企业动态需求决定了高职院校人才供给服务相关决策的主要方向和内容，是实施人才培养和服务各项环节的最终目标。如美国密歇根州莫特社区学院（Mott Community College，MOTT）在校生12000人，有100多个专业，是美国10所顶尖社区学院之一，其专业、课程设置及教学安排具有高度的灵活性，根据所在地区企业的发展和需求，随时调整并提供多样化的教育服务，甚至可以为个人订制"专业"和"课程"。② 因此，现代服务业企业动态需求决定了高职院校人才供给服务相关决策的主要方向和内容，是实施人才培养和服务各项环节的最终目标。

我国经济正处于由粗放型向集约化发展模式转换的关键节点，技术技

---

① 李晓燕，毛基业.动态能力构建——基于离岸软件外包供应商的多案例研究［J］.管理科学学报，2010，13（11）：55-64.
② 李洪渠，彭振宇，张一婵.基于市场视角看世界一流高职院校内涵及特征［J］.职教论坛，2015（12）：4-9.

能人才之所以难以满足现代服务业升级的要求，根源在于高职院校缺乏对现代服务业发展趋势的有效分析和预测，对教育目标和计划的盲目决策。为此，高职院校管理者主动倾听服务主体所需，将搜寻到的外部信息经过筛选研判，及时合理内化到最优决策的制订中，以人才供给结构、招生计划及培养方案作为主要决策目标，为企业提供和创造有价值的高效服务，是高职院校用内部手段解决外部环境冲击的转化能力，也是动态能力的重要组成部分。

第一，优化供给结构。产业结构与人才结构具有较强的关联性，人才结构优化与产业结构升级是互为输入输出的子系统，整个复合系统的可持续发展是两个子系统协调发展的结果。[①] 植根于现代服务业布局和就业结构的发展趋势，高职院校技术技能人才供给将会由传统服务业逐渐向现代服务业的服务和管理等一线应用型人才转变，使技术技能人才供给结构与现代服务业结构和就业结构达到最优匹配。第二，制订招生计划。《国家中长期教育改革和发展规划纲要（2010~2020年）》中指出："到2020年高等职业教育计划在校生达1480万人"[②]，这一目标的实现并不是要求高等院校扩大招生一步到位，而是要根据区域现代服务业结构发展预测结果，制定年度招生计划，控制各专业招生数量，逐年推进，最终实现目标。第三，制订培养方案。伴随科技和经济的飞速发展，现代服务业在由劳动、物质密集型向知识、技术密集型演进升级的过程中，对高职院校人才培养规格的主要内容即知识、技能及素质提出了新要求。高职院校决策者从实际岗位需求出发确定技术技能人才培养目标和内容，每年重新制定更加科学有效的人才培养方案，扩大有效供给，提高岗位与就业能力的匹配度。

三、优化资源重构能力保持竞争优势

重构能力主要指组织要通过整合、协调、重新配置内外资源，主动适应维持竞争优势的能力。以产业需求变化为导向，随时获取、更新、再配置资源集合的重构能力，是高职院校持续发展的源泉，也是其服务产业结

[①] 卢志米. 产业结构升级背景下高技能人才培养的对策研究［J］. 中国高教研究，2014（2）：85-89.
[②] 国务院. 国家中长期教育改革与发展规划纲要（2010~2020年）［Z］.2010.

构升级动态能力的核心要素。对内优化配置、获取外部资源、调适内外资源是高职院校重构能力的三个生成环节。

（一）对内优化配置

对于面临激烈竞争的组织来说，随着环境、目标等要素的改变，其内部也会发生一系列的动态变化，保持其竞争优势是组织内部结构动态改变的主要目的。资源分为内部资源和外部资源两种，现有的教学、人力、知识、技术、资金、设备等各种资源是每所高职院校特有的、其他组织难以模仿的不可复制性内部资源。对现有内部资源进行合理优化配置，是高职院校应对产业需求变化的第一动态反应，是最及时有效的低成本运行模式。但由于现代服务业企业的多样性和服务需求的不确定性，仅仅优化内部资源往往并不能满足高职院校的社会角色要求。

（二）获取外部资源

在执行过程中，若通过对内资源的优化配置不足以解决当前需要，应适时从外部获取各种可能有价值的资源，提升内部服务能力。高职院校是一个具有动态性、开放性特点的资源集合体，始终与外部环境保持着输入与输出的交互状态。外部环境的动态性和复杂性既对高职院校的动态能力构成威胁，又为其动态能力的新一轮构建提供了机会。通过各种渠道向外部环境如政府、行业、企业、科研机构等获取有形和无形资源，与内部资源优势互补，是构建新一轮动态能力的前提。

（三）调适内外资源

拥有大量资源并不意味着具有动态能力，追求以迅速进行资源调适获得动态环境下竞争优势，才是动态能力的真正精髓所在。调适并不是单项资源的简单叠加，而是通过一定的机制使各资源要素的数量和结构协调统一、相互匹配。高职院校按照互补原则，内化所获外部资金、工艺、技术人员等资源，将原有资源转化成新的异质性资源，再加以整合、调适甚至创新，产生协同效应，实现内外资源的有机融合，达到效用最大化。

高职院校的专业设置、年度招生及人才培养都需要其具备灵活的重构资源能力。第一，专业设置。学校的人才供给结构主要表现在专业结构设置上，专业结构的合理性决定了高职毕业生是否能够满足区域产业结构调整与升级的需要。① 高职院校根植于地方，围绕区域现代服务业布局，重构校内外资源，着力调整优化学科专业结构，与对应区域现代服务业的配置相呼应，形成类型梯次适当，专业结构均衡合理的新格局，这不仅决定了人才培养方向，提高了学科专业针对性和整体办学实力，而且对专业对口人才的培养起到了极大的推动作用。第二，年度招生。每年招收不同数量的新生，要求高职院校必须具备灵活的重构能力。高职院校重新调配整合现有资金、师资、技术、设备等资源，必要时摄取外部资源，获得维持未来发展的能力和优势，为传统服务业相应专业招生的缩减，现代服务业相关专业招生的扩增做充足准备，满足现代服务业对各行各业技术技能人才规模需求，使高职毕业生就业力在经济发展方式转变过程中更具有持续性和生命力。第三，人才培养。现代服务业升级必然要求人才质量随之升级，因此，高职院校培养高层次、高水平、高素质技术技能人才契合现代服务业发展已势在必行。近几年，高职院校得到国家政策、财政等方面的大力支持，并取得了较大发展。但面对复杂的不确定环境，调集、改进、完善内生的知识、经验及技能，挖掘社会、企业等外部环境资金、技术、设备等项目支持，与外界不断进行的能量互动和物质交换，是高职院校不可缺少的能力之一。

感知、决策、重构能力是高职院校服务现代服务业升级动态能力的构成要素，三者之间并不是简单相加，而是一个动态循环过程，每个循环都是高职院校服务动态能力的形成过程。由于产业需求的复杂多变，高职院校服务能力随着外部环境的动态变化不断更新，旧动态能力只能做短暂停留，经过新一轮的构建最终被适应当前需求的新动态能力所取代。因此，高职院校服务现代服务业升级动态能力始终处于适时而变、往复循环、与时俱进的与生存环境相协调的动态发展中，以确保竞争优势的长期稳固和可持续健康发展的实现。

---

① 谢一风，熊惠平. 高端技能型专门人才培养模式研究[M]. 杭州：浙江大学出版社，2014：15，56，59.

第四节　培育高职院校组织动态能力

一、拓宽信息渠道培育感知能力

打造高职院校与现代服务业之间多样化的信息沟通渠道，捕捉现代服务业动态需求信息，是培育环境感知能力的必经之路。

第一，加强信息意识，搭建信息平台。由于信息不对称的广泛存在，高职院校应加强外部信息扫描意识，通过互联网，搭建并不断更新信息平台，保持信息流通，是提升高职院校对市场人才需求差异感知能力的首要渠道。第二，掌握先进的筛选、加工信息技术。高端的信息技术平台带给人类海量信息，但是管理层作为后期人才培养方案的规划者和决策者，不能全盘接收，需通过信息系统对信息的加工和过滤，科学系统地分析行业人才真实诉求，筛选和分析出有价值的现代服务业企业需求信息，第一时间感知人才培养和技能服务方面的适时变化，捕捉准确信息，预测未来趋势，为进一步尽快制定运营决策提供前提条件。第三，通过合作形式获取信息。高职院校通过校企合作、产教融合、订单培养等办学形式搭建与现代服务业企业之间的沟通桥梁，激励并获取现代服务业企业主动向学校提供真实需求信息，准确定位所需人才的专业、数量及规格，大幅度降低信息搜寻成本。

例如，苏州市校企合作服务平台定期发布现代服务业相关信息，包括2015年发布了姑苏区新增61名科技、服务业、文化产业、社会组织领域紧缺人才，2018年公布了年度服务业创新型示范企业名单，发布了《关于加快服务业创新发展的实施意见（征求意见稿）》向公众公开征求意见，公布了苏州市新增1家省级科技服务业特色基地，2019年发布了苏锡生产性服务业工作交流会在苏州召开的新闻报道，为苏州市高职院校与现代服务业提供了信息沟通渠道。

二、建立灵活管理机制培育柔性决策能力

柔性决策能力是纠错、兼容、快速反应等多重能力的组合，是指快速形成、评估和选择战略方案，并能随着环境的变化而及时调整方案的能力，[1] 是战略决策的核心。

第一，建立灵活管理机制。建立一套便于部门之间沟通交流，统筹规划，统一行动的高度协同的灵活管理机制，增强对外界环境的敏感度，提高决策效率。纵向上，针对我国高职院校大多采用的科层制管理模式，缩短委托代理链条长度，上下级之间形成自上而下和自下而上的双向信息流；横向上，努力协调学校内部各部门的管理与合作关系，简化手续，增强横向沟通频率，灵活快速地调整和选择战略方案。第二，培养管理人员灵活的战略思维能力。管理层才是高职院校的最终决策者，培养管理者对动态环境发展趋势的预测能力、用人与育人机制的融通能力以及灵活的战略思维能力，综合考虑高职院校内外各种因素的大小和力量，统筹兼顾，有效提高高职院校整体动态能力。第三，建立动态调整机制。调整完善高职院校区域布局，科学合理设置专业，健全专业随现代服务业发展动态调整机制，形成对接紧密、特色鲜明、动态调整的职业教育课程体系，重点提升面向现代服务业领域的人才培养能力，推动教育教学改革与现代服务业升级衔接配套。

以上海市为例，2017 年上海市第三产业的比值高达 69.0%，[2] 已经进入服务经济发展阶段，现代服务业是上海发展的重点产业，《上海市职业教育条例（修订草案）》针对上海职业教育专业设置和教育质量不能完全适应经济社会发展需求的发展现状，首次规定了动态调整机制，要求引导职业学校科学设置并动态调整职业教育专业，增强职业教育专业的适应性，并开发完善与本市重点产业、特色产业、新兴产业相关的专业教学标准。

---

[1] 陈应龙，李大元. 动态能力视角下中小企业持续成长的机制研究 [J]. 东岳论丛，2013（7）：176-179.
[2] 上海市统计局. 2017 年上海市国民经济和社会发展统计公报 [DB/OL]. (2018-03-08) [2018-08-18]. http：//www.stats-sh.gov.cn/html/sjfb/201803/1001690.html.

三、坚持多样化办学培育资源重构能力

第一，坚持办学形式多样化是高职院校获得和积累异质资源、克服固有能力惯例的有效方式，是培育重构能力的前提条件。借助"校区—产业园区"联动模式，校企合作、集团化、现代学徒制等合作办学形式向外界获取内部缺乏的异质性资源，增加教育供给方式的多元性和选择性，提高育人资源的整合和重组能力，推动高职院校服务动态能力的形成，维持和更新竞争优势，从而促进自身的可持续发展。借助"校区—产业园区"联动模式高职院校与产业园区及园区企业进行人力、物质、信息资源等方面的整合，以及理念、学习、研发等方面的互动，共同培养具有创新精神与实践能力的高端技能型专门人才。[①] 高职院校在充分调研区域现代服务业结构、技术结构和生产规模等的基础上，结合当地特点，引进先进管理模式，确定专业结构设置、招生规模和人才培养方案，自觉调整内部专业结构、招生数量、课程体系等，改善管理机制，最终使内外部有形无形资源得到最佳整合，增强办学活力及对现代服务业升级的适应能力。例如，宁波某职业学院探索的"院园融合"模式具有较好的示范效应，该模式荣获国家级职教类教学成果一等奖，该学院动漫设计、物流信息化和电子商务等专业与园区企业紧密合作，校企共同进行专业设置。制定和实施专业人才培养方案，以及教材编制、课程建设和学生实习实训等。在产业融合趋势下，学院"院园融合"模式从教学实施全过程和资源整合角度，实行教室车间合一、教师师傅合一、学生学徒合一、教程工艺合一、作品产业合一的"五合一"工学结合育人模式。学院通过和数字科技园中众多企业深度合作，专业实践教学对接企业真实项目，使高职学生及时了解产业融合催生的新业态、新技术和新工艺。

第二，坚持组织学习和知识创新是高职院校培育资源重构能力的有力手段。动态能力是学习机制的结果，其形成和发展源于组织学习。[②] 在现代

[①] 谢一风，熊惠平. 高端技能型专门人才培养模式研究［M］. 杭州：浙江大学出版社，2014：15，56，59.

[②] 薄纯林，沈玉慧. 动态能力对企业绩效影响研究——基于知识整合的视角［M］. 上海：上海大学出版社，2013：24.

服务业不断优化升级的动态环境中，高职院校通过组织学习和知识创新，培育资源重构能力，克服固有能力惯性，进而引起组织动态能力发生根本性变革，从而不被淘汰或取缔。高职院校管理者要率先成为学习型领导者，建立畅通的学习和沟通机制，主动拓展社会网络、拓宽知识获取渠道，不断获取知识，改善自身行为，营造整体学习氛围，塑造学习导向文化，优化组织体系；制定组织学习激励制度，激发其他成员学习潜力，重视知识整合和持续创新。以湖南省为例，湖南省启动以依托世界大学城网络教育学习服务平台搭建湖南省职教新干线职业教育管理云平台为核心，覆盖全省职业院校的网络学习平台互动建设。该平台建设已在湖南全省完成，共有70家高职院校，发放实名制空间140万个。它是以用户空间为基础，资源共建共享型、非涉密、实名制的学习云平台，运用Web3.0、云计算等先进理念和技术进行设计，以视频教育为主，聚合了视频分享、视频直播、社区交友、电子教室、网络学习、在线考试、即时通信、博客、播客、微博等强大的功能模块，高职院校全员（院领导、中层、教师、教辅和学生等）实名注册，以个人空间为基础，建立彰显个人知识能力的学习空间，构建交流和资源共享合作平台，实现教师和学生共建共学，学院各系部组建学习型组织，充实平台的资源内容，运用与丰富平台的各种创新型功能，形成打破时空限制随时随地开展个性化的网络教学与沟通模式，进行校际校企间实质性的知识共享，使教育资源得到充分聚合与分享，在高职院校间实现真正意义上知识共享。① 最终通过学习机制改变原有的运营操作能力，积极调整组织战略规划与组织架构，② 提升竞争力。

---

① 杨楚欣. 高职院校知识共享应用案例分析——以湖南职教新干线为例 [J]. 职教论坛，2012（15）：26-30.
② 许芳，田雨，沈文. 服务供应链动态能力、组织学习与合作绩效关系研究 [J]. 科技进步与对策，2015（11）：15-19.

参 考 文 献

［1］［德］Bernd Stauss，Kai Engelmann，Anja Kremer，Achim Luhn. 服务科学：基础、挑战和未来发展［M］. 吴健，李莹，邓水光，译. 杭州：浙江大学出版社，2010.

［2］Matt Villano. 虚拟办公室——办公环境将令人耳目一新［J］. 创业邦，2013（2）：55.

［3］Michael Page. 2019 中国薪酬标准指南［R］. 2019-03-26.

［4］［美］阿尔文·托夫勒. 未来的冲击［M］. 蔡伸章，译. 北京：中信出版社，2006.

［5］薄纯林，沈克慧. 动态能力对企业绩效影响研究——基于知识整合的视角［M］. 上海：上海大学出版社，2013.

［6］北京市统计局. 北京市 2017 年国民经济和社会发展统计公报［DB/OL］.（2018-02-01）［2018-08-18］. http://www.bjstats.gov.cn/tjsj/tjgb/ndgb/201803/P020180302397365111421.pdf.

［7］［美］彼得·德鲁克. 新现实［M］. 张星岩，杨光，荣小民，等，译. 上海：生活·读书·新知三联出版社，1991.

［8］财政部. 关于科技企业孵化器大学科技园和众创空间税收政策的通知［Z］. 2018-11-01.

［9］陈国法，郁君平. 社会支持网络视角下的高职学生创业困境与对策［J］. 教育与职业，2013（20）：74-76.

［10］陈宪. 服务经济学学科前沿研究报告［M］. 北京：经济管理出版社，2017.

［11］陈小连，马世骏，马勇. 现代服务业管理原理、方法与案例［M］. 北京：北京大学出版社，2010.

［12］陈应龙，李大元. 动态能力视角下中小企业持续成长的机制研究［J］.

东岳论丛, 2013 (7): 176 - 179.

[13] 创业网. 全国各地创业园区、科技园、孵化园、孵化器汇总 [EB/OL]. [2019 - 04 - 30]. http: //www.cye.com.cn/jigou/chuangyeyuan/.

[14] 崔保国. 信息社会的理论与模式 [M]. 北京: 高等教育出版社, 1999.

[15] 戴艳. 高职院校创业教育的独特性分析 [J]. 教育发展研究, 2010 (1): 62 - 67.

[16] [英] 丹·希尔. 情绪经济学 [M]. 黎欢, 钟和, 译. 北京: 中央广播电视大学出版社, 2010.

[17] [美] 丹尼尔·贝尔. 后工业社会的来临——对社会预测的一项探索 [M]. 高铦, 译. 北京: 新华出版社, 1997.

[18] [美] 丹尼尔·若雷, 赫伯特·谢尔曼. 从战略到变革: 高校战略规划实施 [M]. 周艳, 赵炬明, 译. 广西: 广西师范大学, 2006.

[19] 丁烨, 钟要红, 范春红, 等. 浙江省基层医疗卫生机构公共卫生人才现状及需求 [J]. 浙江医学教育, 2017 (2): 1 - 3.

[20] 杜德瑞, 王喆, 杨李娟. 工业化进程视角下的生产性服务业影响因素研究 [J] 上海经济研究, 2014 (1): 3 - 17.

[21] 段敏芳, 郭忠林. 产业结构升级与就业 [M]. 武汉: 武汉大学出版社, 2013.

[22] 范先佐. 教育经济学新编 [M]. 北京: 人民教育出版社, 2017.

[23] 方燕. 高技术服务业经济贡献研究: 基于产业结构和经济增长理论视角 [M]. 北京: 经济科学出版社, 2014.

[24] 高新民, 安筱鹏. 现代服务业: 特征、趋势和策略 [M]. 杭州: 浙江大学出版社, 2010.

[25] 高中理, 蒋晓舰, 陈海晓. 国际服务外包 [M]. 北京: 清华大学出版社, 2015.

[26] 辜胜阻, 曹冬梅, 李睿. 创业创新引领新常态 [J]. 中国金融, 2015 (3): 23 - 24.

[27] 郭同欣. 改革创新促进了我国就业持续扩大 [N]. 人民日报, 2017 - 03 - 29 (11).

[28] 国家科技部. 现代服务业科技发展"十二五"专项规划 [Z]. 2012 -

02-22.

[29] 国家统计局. 国际统计年鉴（2017）[M]. (2018-09-30) [2019-04-26]. http://data.stats.gov.cn/files/lastestpub/gjnj/2017/indexch.htm.

[30] 国家统计局. 许剑毅：2017 年服务业稳定较快增长质量效益提升 [DB/OL]. (2018-01-19) [2018-09-05]. http://www.stats.gov.cn/tjsj/sjjd/201801/t20180119_1575485.html.

[31] 国家统计局. 中国统计年鉴（2017）：按行业分城镇单位就业人员数（年底数）（4-5）[DB/OL]. (2017-10-13) [2018-08-21]. http://www.stats.gov.cn/tjsj/ndsj/2017/indexch.htm.

[32] 国家统计局. 中国统计年鉴（2017）：按三次产业分就业人员数（4-3）[DB/OL]. (2017-10-13) [2018-08-21]. http://www.stats.gov.cn/tjsj/ndsj/2017/indexch.htm.

[33] 国家统计局. 中国统计年鉴（2017）：国内生产总值构成（3-2）[DB/OL]. (2017-10-13) [2018-08-21]. http://www.stats.gov.cn/tjsj/ndsj/2017/indexch.htm.

[34] 国家统计局. 中华人民共和国 2015 年国民经济和社会发展统计公报 [R]. 2016-02-29.

[35] 国家统计局. 中华人民共和国 2018 年国民经济和社会发展统计公报 [R]. 2019-02-28.

[36] 国务院. 国家中长期教育改革与发展规划纲要（2010~2020年）[Z]. 2010.

[37] 国务院. 国务院关于加快发展现代职业教育的决定 [Z]. 2014-06-22.

[38] 国务院. 国务院关于印发国家职业教育改革实施方案的通知 [Z]. 2019-01-24.

[39] 韩芳, 董大奎. 高职院校专业动态能力的构建与案例研究 [J]. 中国职业技术教育, 2016 (29): 11-15.

[40] 何华宇. 动态能力视角下民办学校的可持续发展 [J]. 教育发展研究, 2009 (20): 73-77.

[41] 湖南省教育厅. 关于公布 2018 年高等职业教育专业设置备案结果的通知 [Z]. 湘教通 [2018] 68 号. 2018-02-12.

[42] 和震,祝成林. 新时代职业教育专业结构优化策略——基于北京市"双需求"导向分析[J]. 河北师范大学学报(教育科学版),2018, 20(2):74-79.

[43] 贺景霖. 现代服务业发展研究[M]. 武汉:湖北科学技术出版社, 2017.

[44] 江小涓,李辉. 服务业与中国经济:相关性和加快增长的潜力[J]. 经济研究,2004(1):4-15.

[45] 江小涓. 服务经济——理论演进与产业分析[M]. 北京:人民出版社,2014.

[46] 江小涓. 服务全球化的发展趋势和理论分析[J]. 经济研究,2008 (2):4-18.

[47] 江小涓. 网络空间服务业:效率、约束及发展前景——以体育和文化产业为例[J]. 经济研究,2018,53(4):4-17.

[48] 江泽民. 中国共产党第十五次全国代表大会报告[R]. 1997-09-12.

[49] 蒋三庚. 现代服务业研究[M]. 北京:中国经济出版社,2007.

[50] 焦青霞. 新兴服务业发展与区域经济增长[M]. 北京:经济管理出版社,2015.

[51] 教育部. 高等职业教育创新发展行动计划(2015~2018年)[Z]. 2015-10-21.

[52] 教育部. 国家中长期教育改革和发展规划纲要(2010~2020年) [Z]. 2019-07-29.

[53] 教育部. 教育部关于全面深化课程改革落实立德树人根本任务的意见[Z]. 2014-03-30.

[54] 教育部. 教育部关于做好2015年全国普通高等学校毕业生就业创业工作的通知[Z]. 2014-11-28.

[55] 教育部等六部门. 现代职业教育体系建设规划(2014~2020年)的通知[Z]. 2014-06-24.

[56] [美]杰弗里·蒂蒙斯,小斯蒂芬·斯皮内利. 创业学[M]. 周伟民,吕长春,译. 北京:人民邮电出版社,2005.

[57] [美]卡尔·阿尔布瑞契特,让·詹姆克. 服务经济:让顾客价值回到企业舞台中心[M]. 北京:中国社会科学出版社,2004.

[58] 科技部. "十三五"现代服务业科技创新专项规划 [Z]. 2017-04-14.

[59] [英] 克里斯·毕尔顿. 创意与管理: 从创意产业到创意管理 [M]. 北京: 新世界出版社, 2010.

[60] 孔群喜, 王紫绮, 蔡梦. 新时代我国现代服务业提质增效的优势塑造 [J]. 改革, 2018 (10): 82-89.

[61] [美] 莱特·米尔斯. 白领: 美国的中产阶级 [M]. 周晓虹, 译. 南京: 南京大学出版社, 2006.

[62] 李保强, 马婷婷. 公共教育服务的概念及其体系架构分析 [J]. 教育理论与实践, 2014, 34 (7): 35-38.

[63] 李彬. 产业结构的调整与人才需求及其培养模式 [J]. 高等工程教育研究, 2006 (5): 70-74.

[64] 李大元, 项保华, 陈应龙. 企业动态能力及其功效: 环境不确定性的影响 [J]. 南开管理评论, 2009, 12 (6): 60-68.

[65] 李洪渠, 彭振宇, 张一婵. 基于市场视角看世界一流高职院校内涵及特征 [J]. 职教论坛, 2015 (12): 4-9.

[66] 李强. 中国服务业统计与服务业发展 [M]. 北京: 中国统计出版社, 2014.

[67] 李时椿, 常建坤. 创业基础 [M]. 北京: 清华大学出版社, 2013.

[68] 李晓燕, 毛基业. 动态能力构建——基于离岸软件外包供应商的多案例研究 [J]. 管理科学学报, 2010, 13 (11): 55-64.

[69] 李艳娥, 吴勇. 高职院校专业结构与区域产业结构适应性研究 [J]. 职业技术教育, 2007, 28 (31): 38-41.

[70] 李元爱. 我国第三方物流企业服务创新研究 [J]. 现代商贸工业, 2015 (25): 1-4.

[71] 林海涛, 汪沛沛. 专业服务业人才供应与经济贡献的省域评价 [J]. 系统工程, 2017, 35 (9): 87-93.

[72] 刘昭东, 宋振峰. 信息与信息化社会 [M]. 北京: 科学技术文献出版社, 1994.

[73] 刘正良. 江苏省现代服务业发展与高职教育改革 [J]. 职业技术教育, 2008 (16): 25-28.

[74] 刘志彪, 江静, 刘丹鹭. 现代服务经济学 [M]. 北京: 中国人民大

学出版社，2015.

[75] 卢飞成. 创业能力 [M]. 杭州：浙江大学出版社，2012.

[76] 卢福财，吴昌南. 产业经济学 [M]. 上海：复旦大学出版社，2013.

[77] 卢志米. 产业结构升级背景下高技能人才培养的对策研究 [J]. 中国高教研究，2014（2）：85－89.

[78] 陆有铨. 把握教育目的的时代内涵 [J]. 教育科学论坛，2006（8）：1.

[79] [美] 罗伯特 A. 巴隆. 创业管理：基于过程的观点——管理教材译丛 [M]. 张玉利，谭新生，陈立新，译. 北京：机械工业出版社，2005.

[80] 吕宏芬，王君. 高技能人才与产业结构关联性研究：浙江案例 [J]. 高等工程教育研究，2011（1）：67－72.

[81] 马建富，周如俊，潘玉山，等. 职业教育专业结构与产业结构吻合度研究——以江苏省为例 [J]. 职业技术教育，2017，38（15）：38－44.

[82] 麦可思研究院. 大学生求职决胜宝典 [M]. 北京：清华大学出版社，2012.

[83] [加] 尼科. 斯特尔. 知识社会 [M]. 殷晓蓉，译. 上海：上海译文出版社，1997.

[84] [印] 尼密·乔杜里. 服务管理 [M]. 盛伟忠，马可云，等，译. 上海：上海财经大学出版社，2007.

[85] 钱龙. 生产性服务业发展与服务业生产率提升研究——基于产业互动的视角 [J]. 山西财经大学学报，2018，40（1）：39－53.

[86] [美] 乔治·吉尔德. 财富与贫困 [M]. 储玉坤，钟淦恩，杨思正，译. 上海：上海译文出版社，1985.

[87] 清华大学经管学院中国创业研究中心. 全球创业观察报告（2014）：中国青年创业报告 [R]. 2015－01－29.

[88] 邱晨辉.《中国劳动力市场技能缺口研究》发布——高技能劳动力缺口警钟再次敲响 [N]. 中国青年报，2016－11－28.

[89] [加] 让·哈维. 复杂服务过程管理：从战略到运营（第2版）[M]. 上海市质量协会，上海质量管理科学研究院，译. 北京：中国标准出版社，2013.

[90] [法] 让·克洛德·德劳内，让·盖雷. 服务经济思想史——三个世纪的争论 [M]. 江小涓，译. 上海：格致出版社，上海人民出版社，2011.

[91] 人力资源社会保障部.2017年度人力资源和社会保障事业发展统计公报［R］.2018-05-21.

[92] 桑新民.学习科学与技术——信息时代学习能力的培养［M］.北京：高等教育出版社，2017.

[93] 上海市统计局.2017年上海市国民经济和社会发展统计公报［DB/OL］.（2018-03-08）［2018-08-18］.http：//www.stats-sh.gov.cn/html/sjfb/201803/1001690.html.

[94] 石忆邵，蒲晟.专业技术服务业：大都市产业结构调整的新方向［J］.南通大学学报（社会科学版），2010，26（3）：26-30.

[95] ［美］斯滕伯格.成功智力［M］.吴国宏，钱文，译.上海：华东师范大学出版社，1999.

[96] 孙诚.中国职业教育发展报告2012［M］.北京：科学教育出版社，2013.

[97] 孙永波.我国现代服务业发展机制及其对策研究［M］.北京：经济科学出版社，2017.

[98] 谭菲.广东省文化创意产业人才现状与策略［J］.科技管理研究，2014（21）：127-131.

[99] 唐燕，［德］克劳斯·昆兹曼.文化、创意产业与城市更新［M］.北京：清华大学出版社，2016.

[100] 陶峻.知识密集型服务企业的知识能力研究［M］.北京：经济管理出版社，2013.

[101] 腾讯研究院，BOSS直聘.全球人工智能人才白皮书［R］.2017-12-04.

[102] ［日］畠山芳雄.服务的品质［M］.包永花，方木森，译.北京：东方出版社，2004.

[103] 天津市统计局.2017年天津市国民经济和社会发展统计公报［DB/OL］.（2018-03-11）［2018-08-18］.http：//stats.tj.gov.cn/Item/27643.aspx.

[104] 童汝根，李旭旦.经济发展视域下高职创业教育质量管理体系［J］.教育与职业，2012（20）：82-84.

[105] 王瑞萍，楼旭明.基于顾客导向的知识密集服务业价值链模型及对策［J］.企业经济，2015（7）：54-58.

[106] 王守法. 现代服务产业基础研究 [M]. 北京: 中国经济出版社, 2007.

[107] 王喜文. 世界机器人未来大格局 [M]. 北京: 电子工业出版社, 2016.

[108] 王艳茹. 创业资源 [M]. 北京: 清华大学出版社, 2014.

[109] [美] 维克托·R. 富克斯. 服务经济学 [M]. 许微云, 万慧芬, 孙光德, 译. 北京: 商务印书馆, 1987.

[110] 魏江, 马克·鲍登. 知识密集型服务业与创新 [M]. 北京: 科学出版社, 2004.

[111] [德] 乌尔里希·泰希勒. 迈向教育高度发达的社会——国际比较视野下的高等教育体系 [M]. 肖念, 王绽蕊, 译. 北京: 科学出版社, 2014.

[112] 吴进红. 开放经济与产业结构升级 [M]. 北京: 社会科学文献出版社, 2007.

[113] 吴康宁, 瞿葆奎. 教育社会学 [M]. 北京: 人民教育出版社, 1998.

[114] 习近平. 谋求持久发展共筑亚太梦想——在亚太经合组织工商领导人峰会开幕式上的演讲 [EB/OL]. (2014-11-10) [20815-07-03]. http://politics.people.com.cn/n/2014/1110/c1024-26000531.html.

[115] 习近平. 中国共产党第十九次全国代表大会报告 [R]. 2017-10-18.

[116] 夏杰长, 刘奕. 中国服务业发展报告 (2016~2017) 迈向服务业强国: 约束条件/时序选择与实现路径 [M]. 北京: 经济管理出版社, 2017.

[117] 夏杰长, 刘勇坚, 刘奕, 等. 迎接服务经济时代来临: 中国服务业发展趋势、动力与路径研究 [M]. 北京: 经济管理出版社, 2010.

[118] 夏杰长. 中国新兴服务业发展的动因与政策建议 [J]. 学习与探索, 2012 (5): 74-78.

[119] 许剑毅. 服务业稳定较快增长质量效益提升 [N]. 中国信息报, 2018-01-22 (4).

[120] 肖阳, 谢莉莉. 客户关怀构成因素与关系质量的影响研究 [J]. 管理科学, 2012 (6): 75-85.

[121] [美] 小威廉. E. 多尔. 后现代与复杂性教育学 [M]. 张光陆, 译. 北京: 北京师范大学出版社, 2016.

[122] 谢文明, 江志斌, 王康周, 等. 服务型制造与传统制造的差异及新问题研究 [J]. 中国科技论坛, 2012 (9): 59-65.

[123] 谢一风, 熊惠平. 高端技能型专门人才培养模式研究 [M]. 杭州: 浙江大学出版社, 2014.

[124] 徐国庆. 服务性职业与生产性职业的职业教育差异研究 [J]. 职业技术教育, 2001, 22 (13): 12-15.

[125] 许芳, 田雨, 沈文. 服务供应链动态能力、组织学习与合作绩效关系研究 [J]. 科技进步与对策, 2015 (11): 15-19.

[126] 许艳丽, 樊宁宁. 新一代信息技术产业高技能人才核心能力建构及其培养路径 [J]. 职教论坛, 2017 (21): 5-9.

[127] 许艳丽, 刘晓莉. 高职院校服务产业结构升级动态能力构建及培育路径 [J]. 教育发展研究, 2017, 37 (3): 41-47.

[128] 许艳丽, 李瑜, 王岚. 服务经济时代高技能人才创业研究 [J]. 职教论坛, 2015 (21): 27-31.

[129] 许艳丽, 王岚. 高技能人才培养与现代服务业需求对接研究 [J]. 教育发展研究, 2014, 34 (19): 8-12.

[130] 许艳丽, 王岚. 众创时代女大学生创业困局探析——基于创业过程理论的视角 [J]. 高教探索, 2018 (2): 103-108.

[131] 宣烨. 基于创新驱动的我国高端服务业国际竞争力提升研究 [M]. 北京: 中国经济出版社, 2016.

[132] 宣烨. 我国服务业地区协同、区域聚集及产业升级 [M]. 北京: 中国经济出版社, 2012.

[133] 杨楚欣. 高职院校知识共享应用案例分析——以湖南职教新干线为例 [J]. 职教论坛, 2012 (15): 26-30.

[134] 杨力. 中国经济转型背景下现代服务业人才培养战略研究 [J]. 改革与战略, 2014 (4): 127-131.

[135] 杨明, 陈少志. 构建数字出版人才创意能力培养新体系——基于创客教育理念 [J]. 中国编辑, 2017 (11): 36-42.

[136] 杨艳晖. 城市化背景下区县级图书馆个性化与精准化服务研究——

以杭州市江干区图书馆为例 [J]. 山西档案, 2018 (3): 96-98.

[137] 叶红. 服务经济时代酒店知识型员工的管理 [J]. 商业经济与管理, 2002 (8): 56-58.

[138] 原毅军. 服务创新与服务业的升级发展 [M]. 北京: 科学出版社, 2014.

[139] [澳] 约翰·哈利特. 创意产业读本 [M]. 曹书乐, 包建女, 李慧, 译. 北京: 清华大学出版社, 2007.

[140] [美] 约瑟夫·米歇利. 金牌标准 [M]. 徐臻真, 译. 北京: 中信出版社, 2009.

[141] [美] 詹姆斯 A. 菲茨西蒙斯, 莫娜 J. 菲茨西蒙斯. 服务管理: 运作、战略与信息技术 [M]. 张金成, 范秀成, 等, 译. 北京: 机械工业出版社, 2000.

[142] 张东航. 关于当前文化创意产业人才"三多三少"现象的对策思考 [J]. 艺术百家, 2015 (5): 106-109.

[143] 中国政府网. 夏季达沃斯论坛再奏"双创"强音 [EB/OL]. (2015-09-11) [2018-11-02]. http://www.gov.cn/zhengce/2015-09/11/content_2929414.htm.

[144] 张汉飞. 现代服务业与现代物流业知识读本 [M]. 重庆: 西南师范大学出版社, 2009.

[145] 浙江金融职业学院. 学院介绍 [EB/OL]. [2018-08-18]. http://www.zfc.edu.cn/xyjs.aspx?c_kind=11&c_kind2=12.

[146] 浙江省人民政府. 浙江省人民政府关于印发浙江省十二五物流业发展规划的通知 [Z]. 2011-06-14.

[147] 张丽颖. 借鉴苏浙粤经验推进服务业类高职院校供给侧改革 [J]. 现代教育管理, 2017 (6): 96-100.

[148] 张胜冰, 徐向昱, 马树华. 世界文化产业导论 [M]. 北京: 北京大学出版社, 2014.

[149] 张祥. 转型与崛起: 全球视野下的中国服务经济 [M]. 北京: 社会科学文献出版社, 2012.

[150] 张玉利. 新经济时代的创业与管理变革 [J]. 外国经济与管理, 2005 (1): 2-6.

[151] 赵明霏. 知识密集型服务业发展研究 [M]. 北京: 中国经济出版社, 2017.

[152] 郑健壮. 经济转型环境下创业机会类型的演化与创业教育的改进 [J]. 高等工程教育研究, 2010 (S1): 48-53.

[153] 教育部职业教育与成人教育司. 普通高等学校高等职业教育 (专科) 专业目录及专业简介 [EB/OL]. http://www.moe.edu.cn/s78/A07/zcs_ztzl/2017_zt06/17zt06_bznr/bznr_ptgxgdzjml/.

[154] 教育部职业教育与成人教育司. 以专业建设为抓手提升高职院校核心竞争力 [EB/OL]. http://www.moe.gov.cn/s78/A07/zcs_ztzl/ztzl_zcs1518/zcs1518_zcjd/201602/t20160222_230007.html.

[155] 中共中央, 国务院. 中国教育现代化2035 [Z]. 2019-02-23.

[156] 中共中央. 中共中央关于制定国民经济和社会发展第十三个五年规划的建议 [Z]. 2015-11-03.

[157] 中国国际经济交流中心课题组. 互联网革命与中国业态变革 [M]. 北京: 中国经济出版社, 2016.

[158] 中国人力资源市场信息监测中心. 2018年第一季度部分城市公共就业服务机构市场供求状况分析 [R]. 2018-05-07.

[159] 中国职业技术教育学会课题组. 从职教大国迈向职教强国——中国职业教育2030研究报告 [J]. 职业技术教育, 2016, 37 (6): 10-30.

[160] 中央组织部, 人力资源社会保障部. 高技能人才队伍建设中长期规划 (2010~2020年) [Z]. 2011-07-06.

[161] 钟若愚. 走向现代服务业 [M]. 上海: 上海三联书店, 2006.

[162] 重庆市统计局. 2017年重庆市国民经济和社会发展统计公报 [DB/OL]. (2018-03-17) [2018-08-18]. http://www.cqtj.gov.cn/tjsj/shuju/tjgb/201803/t20180316_447954.htm.

[163] 周振华. 服务经济发展: 中国经济大变局之趋势 [M]. 上海: 格致出版社, 上海三联书店, 上海人民出版社, 2013.

[164] Barreto I. Dynamic Capabilities: A Review of Past Research and an Agenda for the Future [J]. Journal of Management, 2010, 36 (1): 256-280.

[165] Bella B, Werner S. Offshoring of Higher Education Services in Strategic Nets: A Dynamic Capabilities Perspective [J]. Journal of World Busi-

ness, 2015, 50 (3): 477-490.

[166] Chao C Y, Ku P Y, Wang Y T, et al. The Effects of Job Satisfaction and Ethical Climate on Service Quality in Elderly Care: The Case of Taiwan [J]. Total Quality Management and Business Excellence, 2014 (27): 339-352.

[167] Hannah L, Temin P. Long-term Supply-side Implications of the Great Depression [J]. Oxford Review of Economic Policy, 2010, 26 (26): 561-580.

[168] Helfat C, Finkelstein S, Mitchell W, et al. Dynamic Capabilities: Understanding Strategic Change in Organizations [M]. Oxford: Blackwell, 2007.

[169] Hill T P. On Goods and Services [J]. Review of Income and Wealth, 1977, 23 (4): 315-338.

[170] Hochschild A R. The Managed Heart: Commercialization of Human Feeling [M]. Berkeley: University of California Press, 1983.

[171] Kelley D J, Singer S, Herrington M. The Global Entrepreneurship Monitor [R]. 2012.

[172] KEYNES J M. Alternative Theories of the Rate of Interest [J]. The Economic Journal, 1937, 47 (1): 241-252.

[173] Leih S, Teece D. Campus Leadership and the Entrepreneurial University: A Dynamic Capabilities Perspective [J]. Academy of Management Perspectives, 2016, 30 (2): 182-210.

[174] Lovelock C H, Wirtz J. Services Marketing: People, Technology, Strategy (7th Edition) [M]. New Jersey: Prentice Hall, 2011.

[175] Miles I, Kastrinos N, Flanagan K, et al. Knowledge - Intensive Business Services: Users, Carriers and Sources of Innovation [R]. 1995.

[176] Ordons A L R, Lockyer J, Hartwick M, et al. An Exploration of Contextual Dimensions Impacting Goals of Care Conversations in Postgraduate Medical Education [J]. BMC Palliative Care, 2016, 15 (1): 1-9.

[177] Singer S, Amorós J E, Arreola D M. Global Entrepreneurship Monitor 2014 Global Report [R]. 2015.

[178] Teece D. Explicating Dynamic Capabilities: The Nature and Microfoundations of (Sustainable) Enterprise Performance [J]. Strategic Management Journal, 2007, 28 (13) 13: 1319 – 1350.

[179] Teece D, Pisano G. The Dynamic Capabilities of Firms: An Introduction [J]. Industrial and Corporate Change, 1994, 3 (3): 537 – 556.

[180] Teece D, Pisano G, Shuen A. Dynamic Capabilities and Strategic Management [J]. Strategic Management Journal, 1997, 18 (7): 509 – 533.

[181] The World Bank. World Development Indicators [R]. 2015.

[182] Vargo S L, Lusch R F. Evolving to a New Dominant Logic for Marketing [J]. Journal of Marketing, 2004, 68 (1): 1 – 17.

[183] Wu C, Gao L, Chen S L, et al. Care Services for Elderly People with Dementia in Rural China: A Case Study [J]. Bulletin of the World Health Organisation, 2016, 94 (3): 167 – 173.

后　　记

本书为天津市哲学社会科学规划项目"现代服务业高技能人才有效供给路径研究"（项目编号：TJJX16-002）的最终成果。

感谢天津市哲学社会科学规划领导小组。课题立项为研究提供了经费支持，保障了课题顺利完成，催生了高水平研究成果。

感谢天津大学人文社科处。课题从申请、立项到完成得到了人文社科处处长张俊艳和工作人员的大力支持，他们的辛勤付出为课题顺利完成提供了帮助和支持。

感谢天津中华职业教育社。作为天津中华职业教育社的委员，在与职业教育专家的共同交流与讨论中，充分认识到服务经济和现代服务业发展的教育意义，明确了培养现代服务业技术技能人才的理论价值和时代意义，增强了研究动力。

感谢天津大学和天津大学教育学院。天津大学崇尚科学研究，重视科研创新，为本书的顺利完成提供了制度激励。天津大学教育学院获得了全国首个职业技术教育学博士学位授权点，在我国职业教育研究领域具有较高的学术影响力。在与学院教师交流与合作过程中，拓展了学术视野。

感谢我的博士研究生和硕士研究生。本书是我和学生们共同努力的成果，他们是郭达、韩春光、刘晓莉、王岚、李文、吕建强、孙毅、李瑜、李资成、樊宁宁、王洁、高会、周天树。在课题研究过程中，学生们积极参与课题，追求学术创新，科研能力不断提升，在国内外期刊上发表了多篇高水平学术论文，获得了多项学术奖励和荣誉，实现了科研育人的功能。该课题还将不断催生更高水平的科研成果，持续发挥科研育人功能。得天下英才而教之，不亦乐乎。

感谢经济科学出版社，感谢责任编辑张立莉，感谢为本书出版做出贡献的每一位工作人员。

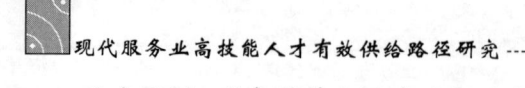

马克思说,"在科学上没有平坦的大道,只有不畏劳苦沿着陡峭山路攀登的人才有希望到达光辉的顶点"。

学术研究是学者的生命历程,我将继续前行,怀着感恩的心。

许艳丽

2019年1月于天津大学